수맥은 미신이 아니며 통계로 보는 과학이다
좋은 기운을 끌어당기는 부자되는 생기풍수

수맥은 미신이 아니며 통계로 보는 과학이다

좋은 기운을 끌어당기는
부자되는 생기풍수

안종회 지음

生氣風水

가림출판사

필자는 88서울올림픽 때 영상 카메라 기자를 비롯해 다수의 TV 광고 및 홍보영상 담당 PD와 연출 감독을 지낸 영상 전문가였으나, 1990년대 말 우연한 계기로 인해 풍수에 심취하기 시작하여 지금까지 25여 년을 생기풍수에 대한 연구를 하고 있습니다.

우리나라 수맥의 대가로 풍수에도 일가견이 있었던 고故 임응승(세례 명 사도요한) 신부님으로부터 커다란 정신적 영향을 받았고, 지거 한상남 선생님으로부터 수맥과 풍수 부분을 사사하고, 기 치료, 영가 퇴마 등은 미관 스님으로부터 가르침을 받아왔습니다. 또한 감성최면의 대부이신 김홍림 선생에게 3년 전부터 감성최면을 사사하였습니다.

생기풍수의 세계를 접하고 사람이, 아니 세상이 달리보이기 시작했습니다. 생로병사, 길흉화복, 희로애락 등과 같은 세상의 모든 인간사가 풍수와 밀접한 관계가 있음을 깨달았기 때문입니다. 그동안 보지 못했던 신세계가 열리는 것과 같았습니다.

이후부터 본격적으로 풍수를 공부하고 연구하고픈 욕망이 가슴속 깊은 곳에서 강렬하게 일어났습니다. 풍수가 우리 삶에 어떤 이치로, 어떻게 영향을 주고 있는지 스스로 깨치고 알아내고 싶었기 때문입니다. 우선 풍수 분야에서 인정 받은 풍수가들이 지은 많은 서적들을 찾아 읽으며 풍수의 기원과 오늘에 이르기까지 어떻게 발전해 왔는지를 이해하고자 했습니다. 깊이 파고들수록 차츰 풍수가 어느 분야의 학문이나 기술 못지않게 과학적이고 체계적임을 알게 되었습니다.

풍수는 오랜 시간을 지나며 많은 풍수가들을 통해 탄탄하게 정리되어 왔습니다. 그런 이론적 토대를 바탕으로 여러 풍수가들이 저마다 양택(집터 쓰기)과 음택(묏자리 쓰기)을 위해 명당을 찾고자 수많은 노력을 해오고 있습니다. 다른 학문 분야도 그러하겠지만 풍수에서도 이론과 실제 사이는 오차가 분명 있다고 봅니다. 즉 이론에서 명당자리라고 설명한 곳에 항상 명당이 존재하는 것도 아니며, 반면 이론에도 딱 들어맞는 분명한 명당자리임에도 이를 잘못 해석한 탓에 엉뚱한 곳을 명당으로 정하는 경우도 있을 것입니다.

특히 이런 오차가 생기는 원인이 오래전부터 정착된 풍수 관련 이론에서 비롯된 것이기에 오늘날 상전벽해를 이룬 땅에 적용하기에는 부적절할 수도 있습니다. 하지만 무엇보다 풍수 원리를 현장에 적용하는 사람, 즉 풍수가에 따라 그 편차가 크게 나타난다고 봅니다.

그러나 지난 25여 년을 풍수 원리를 바탕으로 전국의 수많은 집터와 묏자리를 찾아다닌 끝에 내린 결론은 오로지 혈 자리 유무로 판단하는 것이 가장 정확하고 오차가 없다는 사실입니다. 즉 진정한 명당은 물에서 힘차게 뛰어 오르는 물고기처럼 생생하게 살아있는 활기찬 기운이 솟아나는 땅(혈 자리)이 있는 곳이라는 것입니다.

이처럼 오로지 생생한 기운이 가득한 땅을 찾아 집터로 삼고 묏자리를 쓰고자 하는 것을 이름하여 생기풍수라고 정의합니다. 그런 의미에서 생기풍수는 사·수·향, 즉 땅의 모양과 지세, 전망 등을 중시하는 기존의 전통 풍수와는 달리합니다.

특히 올바른 풍수란 명당을 찾아 집터로, 묏자리로 정하는 것도 중요하겠으나 매일 매일의 일상적인 삶에도 이롭고 도움이 되어야 한다고 생각합니다. 그래서 이 책을 통해 좋은 집터, 좋은 묏자리 고르기부터 건강하고 화목하며 풍요로운 삶을 살아가는 데 도움이 되는 풍수, 밝고 생기

넘치는 기운이 집으로 들어오게 하는 방법, 건강과 재물운을 높여주는 요령 등의 내용을 실제 사례를 통해 자세히 알려주고자 했습니다. 아울러 수맥이 무엇인지, 우리에게 어떤 악영향을 주며, 어떻게 차단할 수 있는지도 전달하고자 하였습니다.

궁극적으로 진정한 생기풍수란 희로애락, 길흉화복, 생로병사 등 우리 인간사에 이롭고 도움이 되어야 한다는 의도를 가지고 이 책의 내용으로 구성하였습니다.

오랜 시간을 통해 비로소 깨우친 생기풍수에 관하여 보다 널리 소개하고자 이번에 첫 출판을 하게 되었습니다. 하지만 의욕과는 달리 부족한 역량과 필력으로 자칫 풍수 분야의 여러 선후배님들께 질타를 받지 않을까하는 염려도 큽니다. 단지 생기풍수가 무엇인지 그 개념을 쉽게 알려주고 나아가 생활 속 다양한 사례를 들어 생기풍수를 어떻게 적용할 수 있는지 전달하고자 하였으니 너른 아량으로 감싸주시길 기대합니다.

책에서 미처 밝히지 못한 사례에 대한 다양한 처방은 보다 깊숙한 사적인 영역도 포함된 부분이라 큰 틀에서만 제시하였음을 참고로 밝힙니다. 이 책을 읽고 저의 도움이 필요한 독자분들이 상담을 원하신다면 자세한 설명과 해결 방법을 제시해 드릴 것입니다.

바쁜 시간에도 불구하고 많은 가르침을 주신 지거 한상남 선생님과 미관 스님, 힙스최면 한국의학심리연구원 김홍림 원장님께 감사의 말씀을 올립니다. 아울러 이미 작고하셨지만 저를 풍수가로 이끌어 주신 정신적인 스승님이자 수맥의 대가셨던 고 임응승(세례명 사도요한) 신부님께도 큰 영향을 받았기에 존경의 마음과 감사를 전합니다.

끝으로 좋은 책으로 출간해주신 가림출판사 강선희 사장님을 비롯한 직원분들께 감사의 말씀을 드립니다.

기풍 안종회

저자는 오랜 세월 올바른 풍수, 제대로 된 풍수가 무엇인지 끊임없이 연구하면서 제주는 물론 강원도 오지까지 전국을 누비고 다니는 풍수가입니다.

이 책에서는 전통 풍수에 대해서는 최대한 간략하게 정리하였고, 새로운 생기풍수를 중심으로 그동안 저자가 상담을 진행한 여러 사례를 들어 설명하였습니다. 그래서 이 책을 읽는 누구라도 어려운 내용들을 쉽게 이해할 수 있으며, 그가 주장하는 생소한 생기풍수가 무엇인지, 왜 생기풍수가 중요한지 독자들에게 잘 전달되리라고 생각합니다.

이 책은 저자의 풍수에 관한 지론이 잘 담겨진 책으로 제대로 된 풍수는 우리 인간 생활에 도움을 줄 수 있어야 한다는 것과 풍수에 관해 겉만 번지르한 산세와 모양, 방향보다는 생생한 혈의 기운, 즉 생기가 모여 있는 혈 자리를 찾는데 집중해야 한다는 것, 또한 그런 혈 자리가 있는 곳이 명당이고 이를 집터로 삼고 묏자리로 써야 복을 불러온다는 것을 알려주고 있습니다. 거기다 수맥을 탐지한 후 몸에 해로운 수맥에서 나오는 수맥파를 막는 비결을 알려주는 것은 저자가 가진 놀라운 능력으로 이 책을 읽는 독자들에겐 두둑한 보너스인 셈입니다.

오랜 시간 수맥과 풍수 분야에 깊은 조예를 쌓아온 것을 토대로 첫 출판임에도 체계적인 구성과 다양한 실사례를 토대로 제시된 해결 방법을 통해 기존의 풍수와는 다른 그만의 시각으로 생기풍수를 소개하였습니다. 앞으로도 '생기풍수' 분야에 많은 연구와 업적을 기대하며 생기풍수의 명인으로서 최고의 실력가인 기풍 선생의 출판을 축하하고 이 책이 많은 사람들에게 읽혔으면 하는 바람입니다.

지거知居 한상남

이 세상을 구분하면 인간이 만들어가는 과학은 문화라 하고, 하늘, 땅, 해, 달, 유성, 이것들은 자연이라 말할 수 있습니다. 따라서 인간이 창조하는 어떤 문화도 자연의 섭리를 벗어날 수 없기 때문에 태초의 조상들, 그리고 현재와 미래의 인간이 추구하는 모든 길흉화복, 희로애락도 결코 자연의 이치를 한치도 벗어날 수 없을 것입니다.

그런 관점에서 생기풍수 기풍 안종회 선생의 학문은 선조들의 학문의 토대를 크게 벗어나지 않으면서도, 오랜 역사를 통해 지켜져 온 전통 풍수에서 규명한 명당이라고 했던 학문이 와해되는 경우도 적지 않게 밝혀내고 있습니다.

생기풍수 기풍 안종회 선생은 이 문제의 원인을 규명하기 위하여 25여 년을 한결같이 직접 발품을 팔아 전국의 명당과 혈 자리가 갖추어진 곳을 찾아 다녔습니다. 그런 노력의 결과로 진정한 명당이라 할 수 있는 생기풍수 이론을 완성했으며, 이 사실에 대하여 감동과 응원의 박수를 보내고 싶습니다. 앞으로 안종회 선생의 생기풍수가 한층 발전된 풍수지리의 자연과 문화로 자리매김되기를 기원드리며 아울러 출간을 진심으로 축하드립니다.

한국의학심리연구원 원장, 심리학자 **김흥림**

항상 끊임없이 새로운 지식을 추구하며 용맹정진하여 온 저자가 풍수학의 풍수지리까지 그 지평을 넓혀 깜짝 놀랐습니다. 그러더니 그 분야에 일가를 이루어 마침내 풍수 관련 실용서를 출간한다고 하니 축하와 격려의 말씀을 드리지 않을 수 없습니다. 책을 쓴다는 것은 '글을 한 자 한 자 써내려가는 것은 날카로운 송곳으로 자신의 몸을 콕콕 찌르는 것과 같다'는 '혼불'의 저자 최명희 작가의 표현처럼 지난한 고통임을 깨닫기에 더욱 그러하지 않을 수 없습니다.

전혀 다른 분야에 면학을 하면서 책까지 내게 된 동기가 '수맥과 풍수의 대가이신 고 임응승(세례명 사도요한) 신부님의 영향을 받고 입문하게 되었다'며 임신부님께서 살아계실 적에는 뵌적이 전혀 없고 그 분의 책을 통해 감화를 받아 정신적인 스승으로 생각하며 걸어보지 않은 길을 걷게 되었다고 했습니다. 책을 통한 교감과 인연! 참 귀하고 신성하기까지 한 인연이라 할 수 있습니다.

이 책에서는 '수맥은 과학이고 더불어 다양하고 유기적이며 변수가 많다'라는 메시지를 전하고 있습니다. 저자는 '생기풍수'를 주장하며 풍수의 5개 요소인 용·혈·사·수·향 중 용과 혈을 가장 중요시해야 한다고 강조합니다. 또 저자는 인생의 운명을 100퍼센트로 볼 때 배우자 등 사람 만나는 기운이 30퍼센트이고, 조상님 묘에 따른 생기발복이 40퍼센트이며, 나머지 30퍼센트는 명리 즉 사주라며 그만큼 생기풍수가 중요하다는 것을 설파합니다.

과학적인 '생기풍수' 이론을 실례를 들어 자세하게 풀어간 이 책을 통해 인생을 살아가면서 많은 도움을 받으시길 기원합니다.

역사책보내기운동 대표 **김용한**

차례

제4장 재운 불러오는 **집 만들기**(길흉화복)

제5장 사람 살리는 생기풍수(생로병사)

 ## 제6장 '사랑과 운명'도 생기풍수로(희로애락) 해결한다

제7장 생기풍수 의식행위만 잘 다루어도
인생의 기운이 달라진다

수맥은 미신이 아니며 통계로 보는 과학이다

제 1 장

생기풍수란 무엇인가?

생기풍수란?

　생기生氣란 바람, 물, 햇빛 등 자연 에너지에서 비롯된 싱싱하고 힘찬 좋은 기운을 의미한다. 이 생기는 눈에 보이지 않는 기운으로 양기陽氣와 음기陰氣로 나뉜다. 양기는 성장과 결실을 맺게 하는 기운이며, 음기는 땅속에서 만물을 소생시키는 기운이다. 그렇기 때문에 이 생기가 많이 모여 있는 곳을 찾아 조상의 묏자리를 쓰고, 집터로 삼아 그 좋은 기운을 받고자 하는 것이다.

　자연의 살아있는 기운, 생기 그대로를 살리면서 인간이 살아가는 삶의 공간을 찾고 마련하는 방법, 즉 자연이 만든 생기있는 땅의 기운을 이해하고 이를 지혜롭게 삶에 운용하는 방법이 생기풍수이다.

　일찍이 풍수서의 최고 고전에 해당하는 《금낭경錦囊經》(중국 당나라 때에 곽박이 지은 책으로 이 책을 통해 풍수지리설이 발달하여 집터나 묏자리를 정하는 데 큰 영향을 끼쳤다) 첫머리에 보면 '장자승생 기야葬者乘生氣也'라고 하여 '장사葬事를 지낸다는 것은 생기를 받기 위함이다'라고 기록하고 있다. 결국 생기가 가득한 땅을 찾는 것이 풍수의 목적이다.

생기풍수의 명당

생기풍수에서 말하는 명당이란 자연의 생기가 왕성하게 응집된 장소로 '혈穴'이라 부른다. 이 명당 혈明堂穴은 추상적인 개념이 아니다. 좋은 물의 결정체가 육각 형태를 띠는 것과 마찬가지로 명당 혈 역시 육각형 모양을 띤, 생기감응生氣感應을 받을 수 있는 좋은 땅을 말한다.

이와 같이 생기가 응집된 좋은 땅은 어떻게 찾을까? 오래전부터 생기가 가득한 땅, 즉 명당을 찾는데 필요한 지혜를 모아 만든 책들이 있다. 중국 한나라 때(기원전 206년~기원전 220년)의 청오자靑烏子가 《청오경》을 통해 '사람의 운명은 조상을 매장한 땅의 조건에 따라 길흉화복吉凶禍福이 달라진다'고 밝힌 이래, 4세기 들어 중국 동진 때의 곽박郭璞은 그의 저서 《금낭경錦囊經》에서 풍수적 길지를 용龍(산맥), 혈穴(기가 모인 곳), 사砂(작은 산과 건물), 수水(강과 내천), 향向(묏자리나 집터의 앞쪽 방향)으로 나누어 판단했다.

이후 송나라 시기(977~1279년)의 풍수지리학자 호순신胡舜申이 지은 《지리신법地理新法》은 조선시대 풍수지리의 지침서 역할을 하였는데 오산도식五山圖式 · 오행론五行論 · 산론山論 · 수론水論 등 수십 가지의 이론으로 설명하였다. 예를 들면, 오산도식에서는 산山의 형국을 오행에 대비하여 금국金局 · 수국水局 · 목국木局 · 화국火局으로 도시圖示 설명하였고, 용호론龍虎論에서는 좌청룡 우백호를, 기혈론基穴論에서는 혈의 기본 이론을, 좌향론坐向論에서는 아무리 혈이 좋아도 방향이 맞지 않으면 길吉이 흉凶으로 바뀐다는 이론을 설명하였다.

이어 13~14세기 명나라 초 '서선술徐善述, 서선계徐善繼' 형제는 40여 년간 중국 역대 고관대작의 조상 묘를 직접 답사한 후 《인자수지人子須知》라는 저서를 통해 사砂(산), 수水(강)가 명당자리와 밀접한 관계가 있음을 피력하였다. 또한 청나라 때의 조정동趙廷東(1696~1785년)은 풍수에서 용 · 혈 · 사 · 수 · 향 등의 5가지 요소가 중요하다고 《지리오결地理五決》에서 강조하였다.

이와 같이 풍수 분야의 경전이라 할 만한 책들에서는 대부분 명당을 주로 산맥, 물길 등의 배치와 모양, 방향 등을 주요 판단 요소로 삼았다. 그러나 생기풍수에서는 용 · 혈 · 사 · 수 · 향 중에서도 용, 혈을 가장 비중 있게 보고 있다. 즉 눈으로 드러나 보이는 외관도 중요하지만 무엇보다 생기가 모여 있는 땅, 즉 혈 자리에 초점

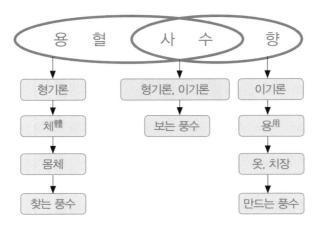

[용 · 혈 · 사 · 수 · 향]

을 두고 있다. 이 명당 혈 자리는 간혹 산 능선 중턱에서 나타나기도 하지만 주로 산 능선 끝부분에 있는 경우가 많아 용진처龍盡處라고도 부른다. 실제 왕릉을 보면 대부분 산으로부터 내려오는 능선 끝자락에 있다.

생기 있는 땅, 명당 혈은 반드시 용맥(산줄기)을 따라 약 10~20m 정도의 간격을 두고 연주혈連珠穴로 줄줄이 존재할 가능성이 높다. 그래서 산등성 아래 묘지를 쓰면 최소한 군수는 나온다는 옛말이 있다. 그만큼 산줄기(용맥, 기맥)를 중요시하는 것이다.

생기는 사람이나 동식물들 모두에 필요한 기운이다. 생기가 나오는 혈 자리를 L로드나 펜듈럼으로 체크해 보면, 혈 자리의 크기가 다양하지만, 정확히 육각형을 이루고 있다. 이것이 진정한 명당인 것이다.

생기풍수의 원리

사람 몸에서는 혈관을 통해 영양분, 혈액, 산소가 운반되는 것처럼, 땅에도 사람의 혈관처럼 수많은 기운이 흐르며 알게 모르게 사람들은 그 영향을 받고 있다. 그 땅속을 돌아다니는 기운들 중에서도 생기를 사람이 접해 복을 얻고 화를 피하자는 것이 생기풍수의 기본 원리이다.

어쩌면, 산 사람은 산 사람대로 죽은 사람은 죽은 사람대로 땅의 기운을 받고 살아가는 것이다. 그런데 죽은 사람은 땅속에서 직접 생기를 받아들이기에 산 사람보다 죽은 이가 얻는 생기가 더 크고 확실하다고 볼 수 있다. 이렇게 죽은 망자가 얻는 생기가 후손에게 그대로 이어진다고 여기고 있으며, 이를 생기감응生氣感應, 동기감응同氣感應 또는 친자감응親子感應이라고 한다.

생기감응은 조상을 모신 조상 묘의 땅의 기운을 그대로 후손들이 감응을 받는다는 뜻이다. 즉, 땅에 조상을 모실 때 조상의 관이 하관하며 칠성판(관속 바닥에 까는 나무판자)이 땅에 닿는 순간부터 후손들에게 생기감응을 주기 시작한다.

효심과 정성을 다해 조상님을 좋은 명당에 모신 다음 그 후손을 L로드나, 펜듈럼으로 진단해 보면 묘터의 생기를 알 수 있다. 과학적으로 분석할 수 없는 불가사의한 현상이지만, 분명 하관 전과 후, 후손의 기운이 다르게 나타난다.

그럼, 흉지凶地에 모시면 어떨까?

끔찍한 일이지만 흉기감응凶氣感應이 된다. 조상 묘터의 좋은 기운뿐 아니라 나쁜 기운도 후손들에게 영향을 미치는 것이 동기감응이다. 이처럼 조상 묘터가 좋고 나쁨에 따라 그 후손들의 길흉화복에 영향을 주는 것이다.

만약 좋지 않은 터에 조상의 묘를 쓰게 되면 그 자리에 묻힌 조상의 사령死靈이 자신의 상태를 꿈으로 자손에게 알리기도 한다. 예를 들면 조상들이 자손들의 꿈에 '물에 젖은 긴 머리를 늘어뜨린 모습이나 초췌한 몰골로 나타나 춥다고 말을 하거나 배고프다며 노한 모습으로 꾸짖는 등' 힘들고 괴로운 모습으로 무언가 요구하는 상태로 자주 나타난다.

이러한 꿈들을 자주 꾸면, 가족 중 환자가 발생하거나 교통사고, 화재 등의 사고가 생기고 갑자기 사업에 어려움을 겪게 되는 등 갖가지 우환들이 끊이지 않게 된다.

생기가 모이는 좋은 땅
혈 자리를 찾는 방법

한겨울 거센 눈보라 잦아들고 따스한 곳

다른 계절보다 겨울에는 더 쉽게 눈으로 보고 명당을 찾아낼 수 있다. 눈이 쌓여 있는데 유달리 눈이 빨리 녹는 곳이 있다. 이곳이 명당자리일 가능성이 크다. 거센 눈보라가 몰아쳐도 유별나게 바람이 없고 햇볕이 잘 드는 양지바른 곳에 명당자리가 있는데 한겨울에도 춥지 않고 따뜻하다. 이중에서도 돌멩이 같아 보이지만 입자가 고와서 밀가루처럼 부드럽게 잘게 부서지는 혈토가 나오면 명당자리일 확률이 더 높다.

잡풀과 잔디가 유달리 주위보다 높게 자란 곳

눈으로 보고 찾는 방법 중 또 다른 하나는 보통 평범해 보이는 구릉이나 들판이라도 유독 잔디나 잡풀이 높게 자란 곳이 있다. 거기다 그 모양이 전체적으로 육각형을 띠고 있다면 좋은 생기가 나오는 혈 자리일 가능성이 크다.

꿩이나 산짐승 산란터

예전에 어른들은 동물을 보고 명당을 찾기도 하였다. 예를 들면 꿩이 알을 낳고 산짐승이 새끼를 낳은 곳에서 명당을 찾아냈다. 집터에 수맥이 흐르는지의 여부도 개와 고양이를 보고 판단하였다. 고양이는 수맥을 좋아하는 반면 개는 싫어하는 성향이 있다. 만약 특정 장소의 개집에서 개들이 자꾸만 벗어나려고 한다든지 이유 없이 먹이도 잘못 먹고 일찍 죽는 경우가 잦다면 수맥이 흐를 가능성이 높다. 반면 잠도 잘 자고 밥도 잘 먹으며 개들이 건강한 곳은 수맥이 없다고 볼 수 있다.

오랜 장수목이 있는 터

시골에는 대부분의 마을마다 거대한 장수목이 하나씩은 있다. 오래전부터 전해오는 신비스러운 이야기들과 함께 장수목이 서 있는 곳도 길지로 본다. 그런 터에는 좋은 기운이 모여 있어 수백 년이 넘는 세월 동안 왕성한 생명력을 자랑하며 당당하게 자리잡고 있는 것이다.

금성수가 흐르는 곳

풍수에서는 산을 등지고 앞으로는 강과 내가 흐르는 배산임수背山臨水의 지역에서도 물이 둥글게 감싸 안듯이 흐르는 곳을 명당이라고 본다. 이렇게 흐르는 물을 금성수金星水라고 하는데 특히 이 금성수가 흐르는 곳에서 부자가 나온다고 보았다. 오늘날 한강으로 보자면 서울의 자양동, 동부이촌동, 압구정동 등이 금성수 명당에 해당된다.

작물이 싱싱하고 열매가 크고 튼튼하게 자라는 곳

논, 밭 작물들이 싱싱한가 아니면 부실한가를 보고도 짐작할 수 있다. 작물의 초록 색조가 뚜렷하고 잎이 두툼하며 열매도 크고 튼튼하다면 그런 곳에 명당 혈 자리가 많다.

풍만하고 둥글고 평탄하며 자연스러운 형세의 땅

풍수에서는 생기가 모이는 곳의 조건으로 태정순강고저胎正順强高低

高低로 보고 있다. 태胎는 땅이 풍만하고 둥글고 평탄한 곳이며, 정正은 좌우가 바른 것이요, 순順은 주변의 형세와 자연스럽게 어울림을 말하고 강强은 토질이 단단함을 뜻한다. 또 고高는 한 치가 높은 곳이요, 저低는 주변이 산이나 언덕, 건물 등으로 둘러싸여 있어 바람을 막아주는 것이다. 그런 곳이어야 생기가 머무르고 흩어지지 않는다고 보고 있다.

주위보다 한 치 높은 곳

'고일촌위산 저일촌위수高一寸爲山 低一寸爲水' 즉 한 치가 높으면 산이요, 한 치가 낮으면 물(현대에선 도로에 해당)이라는 의미로 풍수에선 명당을 정할 때 한 치가 높은 곳을 적용한다. 이는 생기가 한 치가 높은 곳으로 흐르며 한 치가 낮은 물을 만나면 한 치가 높은 곳으로 방향을 틀어 멈추게 된다고 보기 때문이다. 그만큼 꺼진 땅은 생기가 약하다. 현대그룹 창업자 고 정주영 회장도 집을 지을 때는 도로보다 한 발짝이라도 높은 곳에 지으라고 하였고, 삼성의 고 이병철 회장 역시 땅을 볼 때 높낮이가 없는 곳에는 관심을 두지 않았다고 한다. 정주영 회장, 이병철 회장 두 분 모두 주위보다 조금 높고 높낮이가 있어야 생기가 흐르는 좋은 땅이라고 보았던 셈이다.

두 물길이 만나는 합수처

용맥(산줄기) 말고 생기가 모인 혈 자리는 각기 다른 물길이 만나는 합수처에서도 찾을 수 있다. 땅의 좌우로 흐르는 두 물길이 만나면 그곳에 생기가 모아진다고 보고 있다. 합수처의 합수머리에는 반드시 음양의 조화를 이루어 생기가 머무는 명당자리이다. 경기도 양평의 양수리처럼 옛 지명이 두물머리라고 불리는 곳이라면 두 물길이 만나는 합수처로 좋은 기운이 모여 있는 곳으로 볼 수 있다.

좌우와 앞뒤 산을 이은 십자 교차점

원래 풍수에선 '천심십도정혈天心十道定穴'이라고 하여 혈을 중심으로 전후좌우 사방에 있는 산을 연결하면 정확하게 십자형으로 서로 연결이 된다고 한다. 즉 앞산 주작과 뒤로는 현무봉이 있어 이를 연결하면 일직선이 되고, 좌측에는 청룡, 우측에는 백호가 있어 이를 선으로 이으면 십자十字 모양이 된다는 것이다. 여기서 두 선이 교차하는 지점에 혈 자리가 있다고 보고 점혈點穴하는 방법이다. 특히 앞뒤, 좌우 4개의 산을 연결했을 때 정확하게 십자 형태가 이루어지지 않으면 진짜 혈이 아니라고 보았으며, 정확히 십자 모양이면 발복이 크고 오래 간다고 보았다.

비석비토에 오색 흙이 있는 땅

생기가 나오는 좋은 땅의 흙은 습기가 적으며 토질이 단단하지만 입자가 가늘고 고와서 만지면 가루로 쉽게 부서진다. 이런 생기 가득한 좋은 토질의 흙을 비석비토非石非土라고 한다. 또 흙 색깔은 동쪽(목木)의 기운이 응결된 청색, 서쪽(금金)의 기운이 응결된 백색, 남쪽(화火)의 기운이 응결된 적색, 북쪽(수水)의 기운이 응결된 흑색, 중앙(토土)의 기운이 응결된 황색 등으로 나눌 수가 있다. 이 다섯(목·화·토·금·수) 가지의 오색이 합쳐진 밝은 빛을 띠어야 최상의 혈 자리로 보았다. 이 오색이 있는 곳에 오행의 기氣가 있다고 보기 때문이다. 그리고 흙 속에는 적절한 온도와 습도가 유지되고 나무(목렴 木廉), 불(화렴火廉), 물(수렴水廉), 바람(풍렴風廉)으로부터 피해를 받지 않는 조건이어야 한다. 특히 이런 땅에 묏자리를 쓰면 시간이 흐르며 자연스레 사체死體 근육과 내장기관의 수분이 빠져나가면서 조직이 삭아 없어지고, 유골은 노란 황갈색으로 윤기를 띠며 100년 동안 서서히 삭아서 흙으로 돌아가게 된다. 이러한 흙이 있는 땅을 풍수에서는 생기 많은 이상적인 땅으로 여긴다.

보이지 않는 혈 자리 찾는 간룡법, 장풍법, 득수법

생기풍수의 목적은 땅속에 있는 생기 있는 혈 자리를 찾는 데에 있는데 이를 위해서는 먼저 혈 자리를 간직한 산줄기인 진룡眞龍을

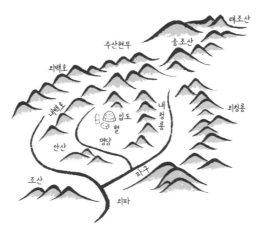

[혈 자리가 있는 생기풍수 명당]

찾아야 한다. 풍수에서는 이 진룡의 출발지인 태조산太祖山을 중국에서는 곤륜산崑崙山으로, 한국에서는 백두산白頭山으로 보고 있다. 이 곤륜산이나 백두산과 같이 높고 거대한 산맥에서 흘러나온 산줄기들, 즉 용맥龍脈은 마치 목뼈와 등뼈, 다리뼈로 이어진 인간의 몸처럼 연결되어 산의 정기가 흐른다. 그런 많은 산줄기 중에 그 정기가 모인 자리가 혈 자리가 된다. 이 용맥을 찾는 방법 중에 간룡법看龍法이 있다. 간룡법은 용맥의 흐름이 좋고 나쁨을 멀리는 조산祖山으로부터 혈까지 살피는 방법이다. 보이지 않는 혈 자리를 찾는 또 다른 방법인 장풍법藏風法은 바람이 운반하는 생기를 받아들여서 모인 생기가 다시 바람에 의해 흩어지지 않는 장소를 찾는 방법이다. 득수법得水法은 용이 물을 만나 멈추는 형국으로 주로 물을 보며 혈 자리가 있는 명당을 찾는 방법이다.

수맥은 미신이 아니며 통계로 보는 과학이다

제 2 장

수맥에 대한 이해

수맥이란?

　수맥은 땅속에서 흘러 다니는 물의 흐름을 말하며, 마치 인체의 혈관처럼 땅속에서 넓고 좁은 맥으로 층을 이루면서 흐르고 있다. 예로부터 이 수맥은 우리 인간들의 삶과 대단히 밀접한 관계를 가지고 있다. 지표수가 부족한 곳에선 땅을 파고 지하를 흐르는 수맥을 찾아내 식수나 생활용수로 이용하여 왔다. 반면 수맥이 가진 수맥파와 수맥의 압력, 응집력 등으로 인해 악영향을 받기도 한다.

　눈에는 보이지 않지만 수맥은 땅속에 많이 흐르고 있고 이 수맥에서 생기는 수맥파는 지구의 내부 핵으로부터 방사되는 복사에너지가 지구 표면으로 나올 때 수맥과 부딪치면서 저주파 파형으로 변형되어 그 파장이 지표면 위로 대기권까지 방사되는 것을 의미한다.

특히 그 수맥파는 직선, 또는 지그재그로 지구 표면 위로 치고 올라와서 모든 동물과 식물, 건물, 고층의 아파트와 조상님이 계시는 묏자리까지도 악영향을 끼친다.

또한 이러한 수맥파 외에 수맥은 엄청난 압력을 가지고 있다. 수맥이 지표로 분출될 때 높이 솟아오르는 것이 바로 수맥의 무시무시한 압력 때문이다. 수맥파와 고압력의 수맥은 강력한 응집력까지 가지고 있어 심각한 문제를 일으킨다. 수맥파는 인체 건강에 해를 미칠 수 있으며, 동식물에도 해를 끼칠 수 있다.

프랑스, 독일 등 서양에서도 일찍이 수맥이 인간의 건강에 직간접적인 영향을 주며 해로운 존재로 연구 · 관찰해 오고 있다. 서양에선 수맥을 L로드나 펜듈럼 등의 도구를 활용하여 찾아 왔으며 이를 다우징dowsing(수맥파 탐사)이라 한다.

한편으로 수맥을 영어로 '베인 오프 워터vein of water' 즉 '물의 정맥'이라 하고, 수맥파는 '얼쓰레이Earth-ray, 함펄 어스 라디에이션 Harmful earth radiation'으로 유해한 지구 방사선 등으로도 부른다. 특히 수맥 파동은 땅속의 물줄기에서 생성되는데, 땅속의 두꺼운 암석층이나 토층을 뚫고 지상으로 방사되는 유해한 파장으로 보고 있다. 그래서 유해한 방사선Harmful Radiation 또는 병인성지대Pathogenic Zone로 불리는 것이다.

독일의 저명한 물리학자인 슈만 박사의 연구에 따르면 수맥은 인체의 생체리듬에 변화를 주며 수면 장애, 중풍, 고혈압, 학습 장애, 암 등을 발생시키는 원인을 제공한다고 했다.

더구나 이 수맥의 심각성은 수맥파가 지상의 모든 구조물을 뚫고 통과하며 그 방사거리가 무한하다고 보기 때문이다. 지상 2만 미터 상공의 비행기에서도 수맥이 감지, 포착될 만큼 강력하고 위력적이라고 한다.

또한 수맥은 순화작용을 위해 지상으로부터 수분을 끊임없이 공급 받아야 하는데 그 과정에서 엄청난 압력이 발생한다. 이 압력은 지반침하나 아스팔트, 도로의 바닥을 갈라지게 하고, 고층빌딩과 아파트의 벽에 금이 가게 하거나 컴퓨터나 의료기기 등 정밀기계의 작동 불량을 일으킨다. 또한 수맥이 흐르는 터 위에 있는 묘지에서는 위 봉분이 무너지고 잔디는 잘 자라지 못하게 되어 쑥이나 잡풀만 자라게 되는 것이다. 수맥은 이러한 가공할 만한 압력으로 인간의 건강에 많은 악영향을 끼치고 있다.

유럽 등 외국에서도 수맥이 지나는 집터는 좋지 않은 흉지로 금기시하고 있으며, 주택이나 빌딩 등 각종 건물, 건축 시에 수맥을 차단하고 시공한다. 실제 독일의 일부 주에서는 건축허가를 신청할 때 수맥 차단 계획서가 없으면 건축허가를 내주지 않는 곳도 있다.

우리나라 수맥 탐사(다우징)의 역사

수맥은 건강에 좋지 않으므로 그동안 수많은 수맥 탐사와 함께 현장에서 수맥을 차단시켜 왔다. 그 결과 수맥은 데이터에 의한 통계 과학으로 볼 수 있다. 특히 풍수 공부를 하면서 수맥 분야에 대해서는 고 임응승 신부님의 책을 불철주야不撤晝夜 반복해서 읽으며 깊은 감명과 큰 영향을 받았다.

사실 수맥은 우리 전통 풍수에도, 중국의 풍수에도 나오지 않는 말이다. 중국, 우리나라와 같은 동양의 풍수에서 좋은 땅, 즉 명당의 조건인 용·혈·사·수·향 중 물을 의미하는 수의 경우, 땅속의 물을 본 것이 아니라 지표면(땅 위)의 물의 흐름을 봤던 것이다.

우리나라에서 수맥의 개념은 언제부터 비롯된 것일까? 수맥 탐사, 즉 다우징의 역사는 천주교(가톨릭교)의 보급과 함께 시작되었다고 볼 수 있다. 1836년 프랑스의 모방Mauban 신부가 우리나라에 선교사로 입국하여 다우징 사용법을 보급한 것이 시발점이라고 알려져 있다. 그 후 에밀리오 신부가 군부대 등을 방문하여 수맥 자리를 잡아 주었으며, 그 사용법을 이종창 신부와 고 임응승(세례명 사도요한) 신부가 이어 받았다고 한다. 특히 임응승 신부는 가뭄 때 우리나라 각처의 관공서와 군부대 등 수많은 곳의 우물 자리를 잡아 주었으며, 소록도에서도 우물 자리를 잡아 주었던 것은 유명한 일화이다. 우리나라 온천의 대부분도 임응승 신부가 수맥을 탐사해 잡아준 것으로 널리 알려져 있다. 그만큼 우리나라 수맥 분야에서는 고 임응승 신부님을 빼고는 논할 수가 없을 정도이다.

수맥이 흐르면 생기는 현상들

- 악몽을 자주 꾸고, 꿈을 꾸고 나면 피곤해진다.
- 컴퓨터나 가전제품 등 기계가 자주 고장 난다.
- 특별한 병명이 없는데도 자주 아프고 항상 피곤하다.
- 집 건물 벽에 균열이 발생하고 축대가 무너진다.
- 충분한 수면을 취하지 못한다.
- 중풍이 온다든지 임산부가 유산하거나 사산, 기형아를 낳게 되는 끔찍한 일을 당한다.
- 식물이 잘 자라지 않고 거주하는 사람들의 건강이 나빠진다.
- 잠잘 때 발 쪽에서 머리 쪽으로 수맥이 흐르면 현기증, 의식 장애, 균형상실 등의 원인이 된다.
- 장기 거주 시 중풍, 고혈압, 암, 정신질환, 환청 등의 만성질환을 앓는다.

- 학생들은 집중력이 떨어지고 기억력이 감퇴하며 무기력해진다.
- 어린아이가 잠을 제대로 못 이루거나 자고 나면 땀을 많이 흘리며 신경질적이 된다.
- 회사에서는 판단력 감퇴, 능률저하, 심신불안 등으로 업무처리가 순조롭지 못하다.

수맥으로 인한 이상 현상은 왜 일어나는 것일까? 오랜 기간 수맥을 연구해온 전문가들에 의하면, 지하에서 흐르는 물줄기, 수맥에 의해서 만들어진 수맥 파장 때문이라고 한다. 인체가 수맥파의 영향을 받게 되면 송과체를 자극해서 멜라토닌이라는 호르몬 분비를 억제하고, 스트레스를 생성하여 심박수를 증가시키게 된다. 이어 혈압상승 등의 증상이 일어나고 지속적으로 파장을 받게 된다면 늘 피로하고 무기력하며 불면증이나 암, 원인 모를 질병을 유발할 수 있다.

좀 더 상세하게 설명하면 가장 먼저 신장이 영향을 받아 면역체계에 교란이 일어나고, 종양괴사인자$^{TNF-\alpha}$ 분비를 감소시켜 각종 암을 유발하기도 한다. 실제 유럽의 의학자들은 수맥이 일으키는 파장이 장기간에 걸쳐 인체의 면역체계를 교란시켜 암을 유발한다는 연구 결과를 발표해 주의를 끌었다.

암 전문가 하거 박사, 외과의사 아놀드 맨리커 박사, 종양학자

조셉 아이셀 박사 등 독일의 세계적인 암 연구가들에 의하면 암으로 사망한 환자들의 대부분이 수맥 위에 있었다고 한다. 특히 수맥이 교차하는 잠자리에서 잠을 잔 사람들 거의 모두 예외 없이 암을 일으켰다고 보고하고 있다.

이중 독일 의사인 하거 박사는 1910년에서 1932년까지 22년 동안 연구를 통해서 5천명 이상 암 환자의 주거지를 조사한 결과, 98퍼센트 이상이 수맥 위에서 생활하고 있었다는 사실을 밝혀냈다. 오스트리아의 케텔 바흘러라는 수맥 연구가는 같은 아파트, 같은 라인에서 줄줄이 암 환자가 살고 있다는 것을 밝혀내기도 했다.

암뿐 아니라 수많은 질병들 중 적지 않은 질병이 수맥과 직 · 간접적인 관계를 가지고 있다. 더구나 수맥 파장은 매우 강력하여 모든 물체를 투과하기 때문에 고층 아파트 60층에서도 1층과 똑같은 영향을 받는 것으로 나타나고 있다. 결국 사람에 따라 정도 차이는 다르지만 사람들 대부분은 수맥의 영향 아래 있다고 봐야 한다. 특히 심신이 허약한 노약자나 임산부, 유아, 만성질환 환자들이 수맥 위에서 생활할 경우에는 건강에 심각한 문제가 발생할 가능성이 크므로 각별한 주의가 필요하다.

우리나라에선 건국대학교 의대 재활의학과 정진상 교수 연구팀이 1998년 건국대 학술지에 발표한 논문에서 수맥에 노출될 경우 신경전달 체계에 영향을 주어 뇌의 지각 기능과 시각의 신경생리학적 기능이 저하되어 외부 자극에 대한 반응이 지연된다고 밝힌 바가 있다.

    결국 우리 몸이 수맥파 위에서 오랜 기간 노출이 되면 생체리듬이 깨지고, 면역력이 약해지며, 인생의 1/3을 차지하는 잠을 제대로 이루지 못해 질병이 생겨나는 것으로 풀이할 수 있다. 그래서 수맥과 잠자리는 참으로 중요하다고 볼 수 있다. 잠은 휴식의 차원을 넘어 건강에 매우 중요한 기능을 하고 있기 때문이다. 의학자들에 의하면 잠자는 동안 인체 세포의 80퍼센트가 재생되고, 각종 호르몬의 기능이 조화를 이루고 균형을 찾는 것도 잠의 중요한 기능 중 하나라고 한다.

수맥 검사와 차단

수맥 검사는 L로드나 펜듈럼(수맥추)과 같은 도구를 통해 측정하기도 하고, 전자파 측정기로도 하며 도로나 벽이 갈라지는 것과 같은 수맥과 관련되어 나타나는 많은 증상을 통해 육안으로도 짐작할 수 있다.

수맥이 우리 몸에 악영향을 준다는 이야기는 오래전부터 알려져서 차단법에 대한 관심도 많다. 우선 동판을 까는 방법이 있다. 이 방법은 우리나라에서 수맥과 풍수 분야의 대가로 손꼽히는 고 임응승 신부님의 지론으로, 수맥이 흐르는 집터의 경우 방바닥에 동판을 깔아주는 방법이다. 집터뿐 아니라 공장이나 회사터에도 수맥이 흐른다면 그 바닥에 동판을 깔아 차단해야 한다고 강조하였다. 그러나 이 방법은 동판이 깔리지 않은 곳으로 수맥 파장이 삐져나오기 때문에 집 전체 바닥을 동판으로 깔아야 하는 단점이 있으며, 비용도 만만치 않다.

　이렇게 수맥을 차단하는 동판에 비해 특수한 광물질로 만든 생기 도자기는 수맥을 중화시키는 역할을 한다. 생기 도자기는 수맥을 중화시켜 집안 어디에 놓아도 수맥이 잡힌다. 생기 도자기는 수맥에서 나오는 수맥파와 가전제품에서 나오는 전자파 지전류地電流(지구의 외각을 흐르는 자연적 전류)까지 중화(차단)해 준다. 생기 도자기에는 생기 거북이와 생기 부엉이가 있으며 그 크기도 다양하다.

　생기 도자기는 상징적인 동물로 만들어졌지만, 무엇보다도 도자기 자체에서 생기가 나온다는 것이 중요하다. 생기 도자기는 일라이트, 세라이트, 제오라이트와 같이 기가 발생하는 특수 광물질로 만들어졌으며, 좋은 기운이 나쁜 기운(−)을 중화시키고 좋은 기운을 유지시켜, 양(+)의 기운이 도는 좋은 생기가 발생함으로써 건강한 환경으로 변화시켜 준다.

수맥은 미신이 아니며 통계로 보는 과학이다

제 3 장

좋은 기운을 끌어당기는
명당의 조건

명당이란?

풍수지리에 대한 관심이 많아지고 있는 추세이다. 풍수설에 의하면 길지吉地로 통하는 명당자리는 좌청룡, 우백호, 현무주작, 배산임수 형태를 말한다. 즉 산줄기가 명당의 좌우 주위를 에워싸고 그 사이로 냇물이 굽이치는 곡류를 이루는 형세를 보고 나타내는 것이다.

예전 농경사회에서 촌락은 겨울에는 차가운 북서풍을 막아주고, 배후에는 산지가 있어 산으로부터 연료를 구하기가 쉽고, 앞으로는 하천이 흘러야 풍부한 생활용수와 농업용수 확보가 용이했을 것이다. 하천의 범람으로 경작지가 넓어지며 농토 확보에도 유리하였으며 남향으로 취락 조건에도 딱 맞아 떨어졌으리라 본다. 이런 입지 조건을 선호하는 것은 오랜 경험과 더불어 자연환경에 잘 적응한 선조들의 지혜일 것이다.

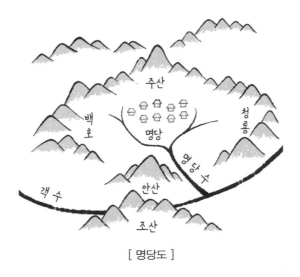

[명당도]

　진짜 명당이란 어떤 곳일까? 명당에는 조상을 모시는 묘지(음택)와 우리가 사는 집터(양택)가 해당된다. 조상 묘(음택)는 돌아가신 분이 편안하게 쉬는 곳으로 좋은 기운이 돌고 생기가 있는 땅을 말한다. 앞에서 언급한 좌청룡, 우백호, 현무주작을 가진 곳이 정말 명당에 해당할까? 보기에 좋은 곳이긴 하지만 그렇다고 반드시 명당은 아니다. 명당 혈穴, 즉 생기가 가득 모여 있는 곳인 생기처를 찾지 못하면 별 소용이 없는 그저 그런 땅일 뿐이다.

　사는 집(양택)도 명당 혈을 반드시 찾아 그 땅을 끌어안고 집을 지어야 명당 집이 되는 것이다. 그래야만 그 집은 생기가 충만한 명당 집으로 건강과 웃음이 넘치는 행복 가득한 집이 된다.

　단지 산세와 물의 모양, 방향, 배치 등 외양만 갖추었다고 명당이 되는 것이 아니므로 반드시 좋은 기운이 있는 명당 혈이 있는 곳에 집을 지어야 명당 집이 된다는 것을 명심해야 한다.

전통 풍수에서 보는 명당과
생기풍수에서 보는 명당

전통 풍수에서는 명당의 발복시기를 추정하는 방법론으로 하늘의 기운을 뜻하는 천간天干과 땅의 기운을 뜻하는 지지地支에서 그 답을 찾았다. 갑甲, 을乙, 병丙, 정丁, 무戊, 기己, 경庚, 신辛, 임壬, 계癸를 천간이라 하고, 자子, 축丑, 인寅, 묘卯, 진辰, 사巳, 오午, 미未, 신申, 유酉, 술戌, 해亥를 지지라 한다. 이와 같이 연월일시 즉 시간을 천간지지로 불렀다

땅의 방향과 공간을 표시함에 있어서도 묘방卯方은 동쪽, 유방酉方은 서쪽, 오방은午方은 남쪽, 자방子方은 북쪽 등 24방위를 천간지지로 표기했다.

이때 무덤이 묘좌卯坐라면 삼합의 해묘미亥卯未년에 태어난 사람이 발복받는다는 식으로 예측했으며, 무덤과 연결되는 능선이 우

선신룡右旋辛龍이면 천간합을 따져서 병신년丙辛年에 발복한다고 예측했다. 그러나 이런 예측은 적중하지 않는 경우가 많아서 조선 후기 학자 홍만종(1643~1725년) 선생은 《산림경제》에서 풍수예측을 '혹중혹부중或中或不中'이라 하여 '맞을 때도 있고 맞지 않을 때도 있다'라고 했다.

그래서 전통 풍수로 잡은 묫자리를 가보면 산세와 물의 모양을 보고 방위와 경관만 따지다가 정작 명당자리는 옆에 두고 묘를 쓴 경우를 많이 봤다.

그러나 생기풍수에서 보는 명당자리는 산세 방향과 공간 배치가 중요하지 않다. 우리 몸에 혈관을 타고 흐르는 피와 같이 땅에도 많은 기운, 지기地氣들이 혈관의 피와 같이 흐르고 있는데, 생기풍수에서는 생기가 흐르는 좋은 땅을 찾아 혈적穴的에 모시는 것을 원칙으로 하고 있다.

혈적이란 무엇인가? 명당에서 돌아가신 분의 배꼽과 명당의 중심을 일치시키는 것을 말한다. 반드시 명당 중심에 배꼽을 일치시켜야 한다.

명당과 관련해 옛날부터 내려오는 이야기가 있다. 명당의 크기는 '사람 한 명 들어가면 그만이다'라는 말이다. 과연 맞는 말일까? 그동안 명당을 수없이 찾아다녔고 그 크기를 헤아려 보았지만 시간이 흐를수록 틀림이 없는 이야기라는 생각이 든다. 옛 지관들은 어떻게 명당의 크기를 알아냈는지 그저 감탄할 따름이다.

명당의 크기는 큰 것도 있지만 보통 지름이 2m 내외 정도밖에 안 된다. 그래서 명당 중심에 배꼽을 일치시키지 않으면 안 되는 것이다. 예를 들어 명당 중심점에서 배꼽이 30cm 정도 빗겨 나갔다고 생각해 보자. 명당자리 밖은 대부분 수맥水脈 지대이다. 그래서 조금만 빗나가도 돌아가신 분의 머리 부분과 다리 부분이 수맥지대에 놓일 수 있으며, 이는 바로 흉지가 되는 것이다. 안타깝게도 가끔 이러한 묘지를 발견할 수 있다.

　지금까지는 음택(묘지)만 가지고 혈적을 설명하였지만, 양택(주택, 공장, 회사, 식당, 축사, 비닐하우스 등)에도 건물을 지을 때 음택과 마찬가지로 명당의 한가운데를 찾아 집에서는 안방으로 삼으면 그곳이 명당자리가 된다. 그래서 주택에서는 안방에 혈판穴板(생기가 모인 땅 덩어리)이 형성되어 있다면 금상첨화錦上添花라고 할 수 있다.

　그러나 반드시 안방에 들어가 있지 않아도 된다. 주택이나 비닐하우스 등 각종 건축물 내에 어느 곳이라도 혈판이 형성되어 있으면 좋다. 그러면 그 건축물은 출입문을 통해 좋은 기운이 들어가는 명당이 되는 것이다.

　사주팔자대로 산다고 하지만 꼭 그렇지도 않다. 그동안의 경험치로 볼 때 한 사람의 운세는 본인의 타고난 사주운 30퍼센트, 살고 있는 터의 운에서 만나는 지인들 운과 배우자 운을 더한 운 30퍼센트, 조상님의 묘에서 오는 발복운 40퍼센트 정도라고 판단한다. 그래서 혹시 사주팔자가 좋지 않고 타고난 기운이 약해도 내가 살고 있는 터의 기운을 좋은 기운으로 만들고, 조상님 묘를 명당으로 바꾸어 준다면 내 사주팔자의 운세도 바꾸어질 수 있다고 여긴다.

양택과 음택 모두 명당이어야 한다

2019년 연말 경기도 모처에 사시는 분으로부터 상담을 의뢰받은 적이 있었다.

의뢰인의 아버지와 어머니를 화장해서 모셨는데, 나름대로 지관을 모시고 묏자리를 잘 썼다고 했다. 그런데 이후부터 잠자리도 불편하고 영 마음이 개운치 않아서 무조건 출장을 와서 봐 달라는 것이었다.

주된 상담 내용을 정리하면 다음의 6가지 정도로, 의뢰인의 요청에 의해 현장에서 직접 확인하고 각각에 해당하는 적절한 처방을 알려주었다.

어느 분이 황토로 잘 지어 놓고 얼마 살지도 못하고 돌아가신 집을 사서 살고 있는 집터의 기운과 수맥 진단

현재 거주하는 집은 나름대로 외부와 내부 구조가 독창적으로 잘 지어진 집이었다. 남향으로는 산세를 잘 살리고 절토를 하지 않고 능선에서 내려오는 혈 자리를 잘 살펴서 지은 집으로 큰 수맥을 피하고 있었다. 그러나 집으로 들어가는 좋은 기운이 없고 잔잔한 수맥이 흘러서 생기 도자기로 부부침실과 주방, 거실의 수맥을 중화(차단)시켜 주었다.

조상으로부터 물려받은 건물로 요즈음 월세가 밀리고 있는 상가의 터 기운과 수맥 진단

상가는 왕복 8차선 대로변에 있었다. 초등학교 정문이 상가 옆에 있었으며, 상가건물 뒤에는 관공서 등 공공건물이 있어 지형은 재물이 모이는 형태였다. 상가 땅의 기운은 샘물이 나오듯 생기가 돌고 수맥이 전혀 흐르지 않는 명당에 가까운 좋은 땅이었다.

조상님이 계시는 묏자리의 터 기운과 수맥 진단

의뢰인의 집에서 승용차로 약 50여 분 걸리는 곳에 조상님의 묘가 있었다. 묘지는 남향으로 양지 바른 곳에 모셔져 있었는데, 전통 풍수에 맞게 향을 보고 묏자리를 쓴 것 같았다. 묏자리 위의 산으로 올라가서 산줄기의 형세를 살펴보았다. 의뢰인의 조상님이 모셔져 있는 곳(음택)은 생기가 나오는 명당도 아니고 그렇다고 살기가 나오는 나쁜 땅도 아닌 수맥이 약간 흐르는 평범한 땅이었다. 그래서 좋은 기운도 넣어 드리고 수맥도 중화(차단)시켜 드렸다.

조상을 모시기 전 사두었던 묘지를 팔아야 할지에 대한 궁금증 해소

절개를 한 곳으로, 음의 기운이 너무 많이 흐르고 살기가 있는 땅이라 팔 수 있으면 적당한 가격에 가능한 빨리 매매를 하는 것이 좋다고 알려주었다. 그러나 빠른 시기에 매매가 힘든 땅으로 보였다.

결혼해서 근처에 살고 있는 딸의 아파트 수맥과 기운 체크

생기가 돌고 수맥이 흐르지 않는 명당자리였다. 그렇기 때문에 딸의 가족은 이 아파트에 계속 거주하면 건강하게 잘 살고 재물도 모을 것이다.

의뢰인이 가지고 있는 밭의 향후 전망

밭은 사거리의 모서리에 있는 1,000평 정도의 땅이었다. 자세히 보니 8차선과 6차선이 교차하는 곳인데다 주변은 아직 개발되지 않은 땅으로 미래의 가치가 매우 좋은 땅이었다. 특히 그의 밭은 용龍의 혈 자리에 위치해 있어 어떤 건물을 지어도 좋고 부동산 가치도 계속 상승할 수 있는 대단히 좋은 땅이라고 알려주었다.

위의 사례로 볼 때 모름지기 음택(돌아가신 분의 묏자리)뿐 아니라 양택(집터)까지 좋아야 편안한 삶을 살 수 있음을 알 수 있다.

1) 산 사람의 터, 양택

복을 불러오는 최고의 집터(양택陽宅) 찾기

예전에는 풍수지리로 집터를 정할 때에는 남향으로 햇볕이 잘 들고, 뒤로는 산을 등지고 있어야 겨울에는 바람을 막아주고 따뜻한 곳으로 좋으며, 여름에는 바람이 불어 시원하고 생활에 필요한 물을 쉽게 구할 수 있어 좋은 곳이라고 하였다.

즉, 풍수지리설에서 말하는 장풍득수藏風得水의 원리와 일치하는 것으로, 사람의 길흉과 복은 생기감응生氣感應에 따라 대지의 기운,

지기地氣의 힘에 의해서 커다란 영향을 받는다고 보았다. 그래서 택지宅地 선정 시에는 먼저 땅 지기의 왕성한 흐름을 보고 잡아야 하며, 터를 잘 고르고 대문의 위치와 방향을 잡고, 음양오행설陰陽五行說과 간지干支에 맞추어 양택陽宅에 집을 지어야 했던 것이다.

이와 같이 풍수를 잘 갖춘 곳에 택지를 정하고 집을 지어야 이곳에 거주하는 사람과 그 자손에 이르기까지 발복운發福運으로, 가운家運이 번창하고 사업이 잘 되어 재물이 모아지고, 건강하고 장수하여 부귀영화를 누릴 수가 있다고 판단하였다.

그러나 풍수를 무시하여 흉지凶地에 집을 지으면, 그 가운은 쇠퇴하고 자손은 빈곤해지고 몰락하며, 병명을 알 수 없는 질병으로 몸이 아프고 흉사에 시달릴 수 있다. 그래서 예로부터 가옥을 신축할 때에는 풍수가를 초청하여 집터의 위치나 방향을 정하고, 이사할 때에도 손 없는 좋은 날로 택일하여 하였다.

특히 좋은 집터를 구하거나 길한 집으로 이사하는데, 음양오행설에 따라 좋지 않다는 것은 미리 피하고, 길하다는 쪽을 택하여 재액을 미리 막고자 했다. 음양오행설은 우주의 모든 사물은 음과 양으로 나누어지고, 인간사 길흉화복이나 흥망성쇠를 비롯해 만물의 변화를 목木(나무), 화火(불), 토土(흙), 금金(쇠), 수水(물)의 다섯 가지 기운에 따라 풀이하는 사상이다.

또한 이사할 때는 반드시 수맥의 유무를 봐야 하고, 수맥이 있으면 비방을 해야 한다. 주택이나 사무실을 알아볼 때는 땅속의 혈 자리(좋은 기가 모인 곳)도 봐야 하지만 더 중요한 것은 수맥이다. 수맥이 우리 몸에 좋지 않은 영향을 준다는 이야기가 알려지면서 요즘 많은 분들이 수맥을 차단할 수 있는 방법에 대해 관심이 높아지고 있다. 수맥의 진단과 차단법에 대해서는 반드시 현장 확인 후 가장 적합한 방법으로 처방을 하여야 하는데 앞서 언급한 '수맥의 검사와 차단' 내용을 참조하길 바란다.

대통령 집무실을 용산으로 이전한 건 잘한 일인가?

사람들이 거주하고 생활하는 터인 양택지에는 집터 외에도 사무실 터, 공장 터 등이 해당된다. 예로부터 국가적으로도 대단히 중요한, 온 국민의 관심사가 바로 나라님이 국사를 돌보던 궁궐이었다. 이조시대엔 한양을 수도로 정한 후 경복궁 일대를 중심으로 덕수궁, 창경궁 등이 지어졌고 그곳에서 국사를 보았다. 이후 현대에 들어와서 대통령 집무실로 삼청동에 위치한 청와대가 역할을 하였다.

그러나 2022년 새 정부를 맞아 신임 대통령은 '공간이 의식을 지배한다'는 말과 함께 청와대를 고사하고 용산에 새로운 대통령 집무실을 마련했다. 이를 두고 말들이 많은데 한 나라의 최고 국정책임자의 업무 공간인 만큼 여러모로 미칠 영향이 크고 관심도 많기 때문이다. 청와대 대신 용산을 선택한 건 과연 잘한 일이었을까? 용산에 대해 권위 있는 많은 풍수 전문가들은 황룡이 물을 마시는 형국으로 대통령 집무실로 탁월한 선택지라고 평가하고 있다.

우리나라에서 수맥의 대가로 손꼽히는 고 임응승 신부님도 '괴짜 신부님' '신부지관神父地官' 등으로 불리며 풍수에도 경지에 오르셨는데 일찍이 청와대에 대해 '너무 깊이 들어 앉아있는 형국이 되어 앞을 보기 힘들다'고 밝힌 바 있다. 이어 한 국가의 총수인 대통령이 시야가 가려 앞을 제대로 보지 못한다면 민심을 정확히 통찰할 수 없는 것은 자명한 일이라며 '그렇게 되면 밝은 정치를 펴기 힘들지 않을까 여겨진다'고 우려했다. 결국 역대 대통령들이 일하고 거주했던 청와대의 입지를 별로 좋지 않게 평가한 것이다. 그래서일까? 우리나라 역대 대통령들은 청와대에 들어간 다음부터 취임 초와는 달리 갈수록 민심과 멀어지며 대부분 말로가 좋지 않았다.

명당에서는 식물도 잘 자란다

명당에서는 식물도 잘 자란다. 명당은 우리 인간들의 삶에도 좋지만, 식물들에게도 좋다. 그래서 요즈음은 농장 비닐하우스와 축사에도 수맥을 잡아 주는 일이 잦아졌다.

어느 날 집터를 정해 달라는 요청의 전화가 왔다. 산기슭에 햇빛이 잘 드는 남향 밭에 집을 지으려고 한단다. 산기슭과 밭을 돌아보고 살펴보니 다행히 용맥龍脈(산줄기)이 밭을 통과해서 전방에 있는 냇가까지 내려간 것을 찾아냈다.

먼저 혈판穴板(좋은 기가 모여 있는 땅덩어리)을 밭 언저리에서 찾아 자리를 잡아 주었다. 명당운을 받기 위해서는 혈판을 안방에 들어가게 해야 한다. 잠자리가 편안해야 만사형통이 되기 때문이다. 의뢰인에게 건축 설계를 잘해서 이 혈판이 안방 가운데 들어가게 집을 지으라고 말을 하고 돌아오려는데, 의뢰인의 부인이 점심 먹을 시간도 되었으니 비닐하우스에서 뜯어 온 상추에 쌈을 해서 밥을 먹자고 한다. 마침 시장한 터에 같이 먹었다.

식사를 하며 이런저런 이야기를 나누다 비닐하우스도 명당이어야 식물이 병에 안 걸리고 잘 자란다고 하니까 좀 의아해 하는 눈치였다. 대체적으로 명당은 사람만 해당하는 것으로 알고 있는 경우가 많기 때문이다.

내친 김에 그 집의 비닐하우스도 살펴보았다. 비닐하우스 세 동 중 오른쪽에 있는 동으로 용맥이 길게 뻗어 나간 것을 확인했다. 이어 오른쪽 비닐하우스에 수맥 측정을 해 보니 혈판이 있음을 알 수 있었다. 그리고 '오른쪽 동에 심은 채소들은 병도 안 걸리고 싱싱하게 잘 자라죠?'라고 물으니 부부가 놀라는 눈치였다.

그렇다. 식물도 명당에서는 잘 자란다. 흔히 시골 마을에 들어서면 마을 어귀에 몇백 년 된 느티나무가 서 있는 것을 볼 수 있는데, 그 자리는 틀림없이 명당이다. 명당자리에 있기에 나무가 죽지 않고 오랫동안 살고 있는 것이다.

반드시 피해야 할 집터

인간이 사는데 이롭지 못한 집터들이 있다. 간단하게 눈으로 확인할 수도 있고, 깊이 있게는 생기풍수를 공부하고 실제로 많은 곳을 답사하면서 L로드나 펜듈럼(수맥추)으로 땅의 기운을 살펴보면 알아볼 수 있다. 하지만 이는 보다 전문적인 연구와 경험이 필요한 일로 결코 쉽지 않다. 다음은 일반인 누구라도 가려낼 수 있는 피해야 할 집터들이다.

① 집터 뒤에 가파른 산, 커다란 바위가 있는 땅

가파른 산이나 커다란 바위는 특이한 경관 때문에 보고 즐기기에는 좋으나 그런 곳 가까이 집을 짓는 건 피해야 한다. 특히 집터 뒤로 높고 험준한 산이나 큰 바위가 있다면 사람들에게 위압감을 주며 정신적·육체적으로 좋지 않은 영향을 준다.

② 깨부수고 무너진 땅

석산개발 등을 이유로 멀쩡하던 산을 깨부수고 마구 무너뜨린 곳 근처도 집터로 좋지 않다. 실제 석산개발을 한 인근 마을에서 크고 작은 사건·사고가 많이 생긴다.

③ 뾰족하고 날카로운 모양의 산 능선이 집터를 향한 곳

날카로운 창 모양의 산 능선이 곧바로 집터로 향한 곳은 피해야 한다. 이렇게 뾰쪽하고 날카로운 능선 모서리가 집터를 직격하는 곳에서 살면 큰 화를 당하거나 가슴 아픈 흉사가 빈번하게 일어난다.

④ 물줄기가 휘돌아 치고 들어오는 땅

강이나 하천, 계곡 등의 물줄기가 치돌아 땅 쪽으로 들어오는 곳도 집터로는 나쁘다. 이른바 수살水殺 받는 땅으로 사람이 크게 다치고 단명하며 경제적으로도 궁핍해진다.

⑤ 강한 골바람 불어대는 골짜기의 땅

연중으로 밤낮없이 골바람이 거세게 불어대는 곳도 집터로 좋지 않다. 이런 곳에 집을 짓고 살면 건강에 문제가 생기거나 재물이 모이지 않는다.

⑥ 앞이 높고 뒤가 낮은 터

이런 곳은 사람의 마음을 답답하고 항시 불안·초조하게 하므로 좋지 않다.

⑦ 경사가 가파른 땅

경사가 급한 곳을 집터로 삼으면 재물이 흘러 부를 축적하기가 어렵다.

⑧ 홀로 불쑥 튀어나온 땅

주위 자연형세와 자연스럽게 어울리지 않고 홀로 툭 튀어 나온 돌출된 땅도 집터로 피해야 한다. 이런 곳에 집을 지으면 태풍, 장마, 폭설 등과 같은 자연재해로부터 피해를 입기 쉽고 범죄의 대상이 될 수도 있다.

⑨ 깊은 골짜기의 땅

어둡고 습한 깊은 골짜기에 집을 지으면 건강과 재물을 모두 잃는다.

⑩ 폭포소리가 들리는 곳

예로부터 인근에 폭포가 있어 항상 물 떨어지는 소리가 크게 들리는 곳에 살면 줄초상을 당한다고 하여 집터로 삼지 않았다.

⑪ 자갈이나 모래로 된 땅

자갈이나 모래로 된 땅은 사람에게 좋은 지기가 없는 메마른 땅이므로 당연히 집터로 좋지 않다.

⑫ 사당이나 제단, 성황당이나 공동묘지와 전쟁터 근처

이런 장소는 많은 영가靈駕들이 머물고 오가는 곳이므로, 가까운 곳을 집터로 하면 정신적 · 육체적으로 모두 영가로부터 나쁜 영향을 받을 수 있다.

⑬ 군부대나 교도소, 법원 옆

집터가 이런 곳 바로 옆에 있으면 좋은 기를 받지 못하고 빠져나간다.

⑭ 대로변이나 교차로

많은 차량과 인파가 지나가며 항시 복잡하고 요란한 곳도 집터로는 좋지 않다.

⑮ 논바닥, 늪지, 개천, 연못, 호수 등을 매립한 곳

대부분의 매립지는 수맥이 흐르고 있어 잠자리가 불편하고 건강에 좋지 않다.

⑯ 산을 절개한 땅

재물이 흩어지고 정신적으로도 나쁘며 큰 병이 생기는 곳이다.

⑰ 골짜기를 복토한 땅

땅속으로는 수맥이 흐르고, 땅 위로는 거센 바람으로부터 피해를 입는 곳이다.

⑱ 고압 전류가 흐르는 철탑 근처

당연히 전류의 영향으로 건강에 해로운 땅이다. 가축이나 농작물에도 해롭다.

⑲ 큰 공장이 있었던 땅

이미 흙은 오염되고 지기가 손상된 곳으로 집터로 매우 좋지 않다.

⑳ 점토가 많아 질퍽질퍽한 땅

흙 성분에 끈적끈적한 점토가 많으면 물이 잘 빠지지 않아 늘 질퍽질퍽한 땅에 살게 되면서 갖가지 질병에 걸리기 쉽다.

㉑ 쓰레기 매립장이나 축사가 있던 땅

오염된 곳으로 가스, 침전물, 악취 등으로 건강에 나쁜 곳이다.

도깨비 터에 잘못 이사하면 큰일 난다

빠르고 편리한 좋은 세상이 되었다. 블로그, 유튜브, 페이스북 등 다양한 SNS를 통해 상담전화가 오는 것을 보면 알 수 있다.

어느 날 한 분이 블로그를 보았다며 찾아 왔다. 의뢰인은 자신이 해병대 출신이라고 소개하면서 본인은 사기가 충천하고 귀신도 잡는 해병대 출신이라 겁도 없이 좋지 않다는 터에 있는 집으로 이사를 갔다고 했다. 주위로부터 그 집터는 도깨비 터라는 이야기를 듣고도 이사를 했다는 것이다.

원래 도깨비 터에 살려면 도깨비를 이기고 살든지, 아니면 도깨비를 잘 다스려서 살면 재물을 많이 모을 수 있다. 흔히들 우주선이 화성, 목성에 가는 세상에 무슨 도깨비 터가 있냐고 생각할 것이다. 그러나 말 그대로 도깨비처럼 감당하지 못할 도깨비 터가 있다.

생기학적으로도 엄연히 도깨비 터나 도깨비 집은 존재한다. 이 도깨비 터에는 영가(죽은 이의 기운)가 존재하고 있다.

도깨비 터에서는 재물은 모을 수도 있고 잃을 수도 있지만, 건강을 잃으면 모든 것을 잃게 되는 것이다. 도깨비 터에서 모은 재물은 내 것이 아니라 도깨비가 눈감아준 덕분에 얻은 재물이다. 즉, 그 재물은 도깨비의 재물이다. 그러므로 도깨비가 언제 어느 때에 마음을 바꾸어 싹 쓸어갈지 모르는 것이다.

상담한 의뢰인은 어느 정도 모은 재물도 있었고 한우도 30여 마리 키우고 있었다. 그러나 부인은 늘 몸이 이곳저곳 아프다고 했으나 병원에 가도 병명도 없이 잠도 못 자고 악몽도 자주 꾸었다는 것이다. 결국 집이 싫다고 하면서 언니 집 등을 전전하며 살았다고 한다. 그러다 자폐증을 앓던 하나밖에 없는 아들이 군대갈 나이에 사망했다.

지금도 집 안방에서 잠을 자면 창밖에서 여러 사람들이 소곤소곤 떠드는 소리가 들리기도 해서 재혼한 부인도 무서워서 집을 나가고 의뢰인 혼자 살고 있다고 했다. 어떻게 보면 집안이 쑥대밭이 되었다고 해도 과언이 아니다.

상담내용을 정리해 보니 집터의 집도 문제지만 사람이 문제였다. 몸에 영기(사기)가 있는 사람은 영기가 있는 집을 구하는 법이다. 즉, 자기가 죽을 곳으로 들어가는 격이다. 자폐증을 앓고 있는 가족이 있다면, 그 집 가족 구성원이 신기로 인하여 그러한 병이 생긴 것이고, 이유 없이 아픈 증세도 영가로 인한 병(사기병)이라고 볼 수 있다.

처방處方으로 우선 도깨비 터의 영가들을 초혼장(영가들을 위한 장례식)으로 모셔드리고 조상님 묏자리를 명당 처방을 해 주었다.

도깨비 터는 무서운 곳이다. 앞에서도 밝혔듯이 도깨비 터에 살려면 도깨비를 이기고 살든지 아니면 도깨비를 잘 다스릴 수 있어야 한다. 아울러 돌아가신 조상님을 홀대하지 말고 편안하게 잘 모셔야 한다.

나란히 있는 생선가게도 잘 되는 집과 잘 안 되는 집이 있다

시장에 나란히 생선가게가 있었다. 한 곳은 부부가 하는 생선가게이고 또 다른 곳은 형제가 하는 가게이다. 이 두 가게에서는 싱싱한 생선을 공급하기 위해서 새벽부터 부지런히 도매시장에 가서 생선들을 직접 구입해 왔다.

그런데 부부가 운영하는 생선은 싱싱하고 살아 움직이는 것처럼 윤기가 흐르는데, 형제가 하는 가게의 생선은 물이 좋지 않고 상해 보였다. 고객들은 어느 가게의 생선을 살까?

부부의 생선가게 생선이 윤기가 흐르는 이유는 두 가지로 첫째, 부부가 조상으로부터 좋은 기운을 받고 있다는 것이다. 조상님들의 묘가 좋은 터에 계셔서 그 기운을 받기 때문이다. 즉, 명당의 자손이라고 할 수 있다. 둘째, 부부가 운영하는 가게의 터가 아주 좋은 터이기 때문이다. 좋은 터에서 나오는 생기가 생선을 싱싱하게 해 주고 있다.

반면 형제의 생선에서 윤기가 흐르지 않는 원인도 두 가지이다. 첫째, 형제들은 조상으로부터 좋은 기운을 받지 못하고 있다. 조상님들이 계신 묘에 수맥이 흐르거나 흉지에 있기에 조상님들에게서 좋은 기운을 받지 못하기 때문이다. 둘째, 형제들이 운영하는 가게 터가 좋지 않기에 터에서 나오는 좋은 기운이 없어 생선이 싱싱하지 않게 보이는 것이다.

사실 조상의 좋은 명당운을 받는 그 부부는 어디 가서 무슨 장사를 해도 대박이 날 것이다. 장사가 잘 안 된다는 흉지에 들어가서 장사를 해도 대박이 나는 분들이 이런 명당 자손이다. 그러나 형제들은 좋은 자리에 가서 장사를 해도 운이 따르지 않고 망할 수 있다.

그럼 어떻게 해야 할까?

무엇보다 조상의 좋은 기운을 받기 위해서는 조상님의 묘에 수맥이 흐르는지, 좋지 않은 흉지에 계시는 건 아닌지 등을 점검하고 파악해야 한다. 이후 그에 걸맞는 처방, 예를 들면 수맥파(수맥 파장)가 흐르면 수맥파(수맥 파장)를 잡고, 좋지 않은 터에 계시면 좋은 기운을 넣어 명당으로 만들어 드리면 된다.

화장火葬해서 납골당에 모시는데 수맥, 흉지와 무슨 관계가 있냐고 할 수도 있을 것이다. 그러나 어르신을 화장해서 납골당에 모신다고 전부가 아니다. 납골당에도 좋은 터가 있고 나쁜 터가 있다. 납골당으로도 당연히 수맥파가 흐른다. 그렇기 때문에 수맥도 잡고, 좋은 터로 만들어야 한다.

가게나 사무실도 잘될 듯 말 듯 하면서 힘든 것도 사실은 형제의 생선가게와 같은 경우이다. 나에게 좋은 기운이 없거나 또는 터가 좋지 않거나, 수맥이 흐는 곳에서 하거나, 좋지 않은 기운의 영가가 장난을 친다면 적절한 처방을 해야 한다.

2) 죽은 자를 위한 터, 음택

자식, 손자가 번성하는 조상복 대박 묏자리(음택) 쓰기

우리가 살고 있는 집터를 양택이라 하고, 죽으면 묻히는 묘지를 음택이라고 한다. 요즈음 사람들은 내가 살고 있는 좋은 집터나 풍수에 좋은 인테리어에만 신경을 쓰고 있으나 그것은 큰 잘못이다.

풍수지리로 보는 집터나 이사 갈 터는 궁금해하면서 좋은 데를 찾아 너도나도 가려고 한다.

그럼 조상님은 어디에 모셔야 할까?

살아 계실 때는 할아버지, 할머니, 아버지, 어머니이지만, 돌아가시면 영가가 되는 것이다. 돌아가신 후 장례를 치르고 어느 날 갑자기 돌아가신 분의 방에 들어가면 무섭기도 하고 섬뜩한 느낌을 주기도 한다. 사람은 죽으면 영혼과 육체가 분리되어 영혼은 하늘로 올라가고 육체는 땅에 묻히게 된다. 사람은 영혼이 존재하는 영물이기에 사후死後에도 어떤 영향력을 행사한다. 그렇기 때문에 사람이 죽으면 좋은 곳에 묻히려고 하는 것이며, 명문 가문이나 고관대작의 집안, 돈 많은 부자들은 애써 명당자리를 찾아 조상을 모시려고 하는 것이다.

그러면 조상의 묘지를 어디에 모시는 것이 좋을까? 사람이 사는 양택(집터)이나 죽은 분이 묻히는 음택(묘지)을 같은 맥락으로 이해하면 된다. 즉, 양택과 음택을 보면 보다 중요한 것이 지기地氣이다.

뒷산인 주봉이 의젓하면 가문이 좋다. 왼쪽 산, 좌청룡이 세차게 뻗어 내려와 안아주는 모습이면 남자들이 잘되고 가정을 잘 돌본다. 반대로 좌청룡이 약하면 남자들이 허약하거나 단명하고, 끝이 바깥쪽으로 뻗어져 있으면 외도가 심하거나 집안일을 등한시하게 된다.

오른쪽 산, 우백호가 아름답고 힘차게 뻗어 내리면서 안으로 굽어져 껴안아 주는 지세이면 부인이 건강하고 내조를 잘하게 된다. 우백호가 외부로 뻗어 나갔다면 여자들이 치맛바람을 일으키고 이혼하는 사례도 많이 생긴다. 또한 앞에 냇물이 흘러가는 모습이면 좋고, 앞산이 한일자 봉이든지 복잡하지 않고 아름다운 능선이면 좋다. 그 능선 넘어 또 하나의 산봉이 보인다면, 크게는 사기를 당하든가 도적을 맞는 경우가 생기기도 한다.

이러한 입지환경 조건도 중요하지만 토색이나 지하조건도 중요하다. 즉 토색과 토질도 중요하다. 다음은 명당에 해당하는 조건을 정리한 것이다.

- 생땅이 좋다. 낮은 곳을 메운 부토는 좋지 않다.
- 묘 터를 파내려 가는데, 암반이나 큰 돌이 없어야 한다. 암반이나 큰 돌이 나오면 장소를 옮겨야 한다.
- 물을 부어도 고이지 않고 금방 스며들어가는 마사와 같은 토질이 좋다.
- 잡석이 많으면 바람이 통하여 좋지 않다. 이런 경우 유골이 불에 탄 것처럼 검어지고 후손 중에 정신질환을 일으키는 경우가 많다.
- 수맥이 무덤 밑을 지나가 병이 들어 있는 지반에 산소를 쓰지 않는 것이 좋다. 이런 곳에 산소를 쓰면 유골이 새까매지고 잔디가 살지 못한다. 후손들은 우환에서 헤어나지 못하여 힘

들게 살아간다.

- 능선 위에는 산소를 쓰지 않는다. 능선 위에 산소를 썼다면, 후손이 구름잡이가 되어 허영기 때문에 망한다.
- 묏자리 근처에 아카시아 나무가 있으면 피해야 한다. 나무뿌리가 묘소에 들어가면 좋지 않다. 특히 아카시아 나무뿌리가 들어가면 그 후손은 잦은 질병에 시달리게 되고 파산하는 화를 당한다.
- 묘소에 뱀이나 지렁이, 벌레들이 끓게 되면 좋지 않다. 후손이 정신질환을 앓게 되고 각종 질환에 시달리게 된다.
- 더 중요한 것은 땅의 명당 혈 자리를 찾아 모셔야 한다. 그곳이 명당자리이다.

이렇듯 음택인 묏자리가 중요한데, 요즘엔 대부분 조상님이 계신 곳은 나 몰라라하고 있다. 상담하다 보면 큰 병과 정신분열, 빙의가 들고 잠을 못자고, 가위를 눌리는 것과 같은 원인은 상당수가 조상들의 산소를 잘못 썼기 때문으로 즉, 음택에서 문제가 생긴 경우가 많다.

조상 묏자리를 잘 쓰면 3대에 발복한다

어느 날 의뢰인 한 분이 잘 살고 있지만 조상님의 묏자리가 궁금하다며 문의를 해 왔다. 거기다 집 수맥도 궁금하다고 하여 의뢰인의 집을 방문했다.

의뢰인의 집은 크고 화려했으나 비혈지에 지어진 집이었다. 생기와 좋은 기운이 없고 수맥 여러 개가 집을 관통하여 지나갔다. 집터에 수맥 처방을 하고 부친 산소에 가보니 용맥이 좌우로 갈라지는 수맥 지대에 있었다. 완전히 흉지였다. 묘지는 아주 크고 잘 만들어져 정성으로 가꾸고 있었다. 갑자기 머리가 복잡해졌다.

이렇게 잘 사는 사람이 집도 그렇고 부친 산소까지 좋지 않을 거라고는 생각지도 못했다. 그래서 수맥파 중화(차단)와 함께 적절한 처방을 해드렸다.

그런데 집터도 그렇고 선친의 묏자리도 좋지 않은데 '어떻게 의뢰인은 풍요로운 삶을 살 수 있는 걸까?' 하는 의문이 가시지 않았다. 생각 끝에 조부모 산소가 어디 있느냐고 물었더니, 가까운 곳에 있다고 하여 살펴보았다.

아니나 다를까! 할머니 산소가 명당 한가운데 들어간 혈적이 있었다. 역시 '후손이 잘되고 못되고는 이유가 있구나'하는 생각이 들었다. 풍수로 인한 발복發福 사례를 보면 거의 들어맞는다. 의뢰인 집안은 할머니 묏자리 덕분에 아버지가 큰돈을 벌었고, 이어서 의뢰인도 큰돈을 벌면서 사업이 번창했을 것이다. 앞으로 의뢰인의 자녀들도 발복이 잘되어 크게 번창하리라 본다. 이번에 선친의 묏자리에 흐르는 수맥을 중화(차단)시키는 등의 처방을 했으니 앞으로도 늘 조상에 대한 고마움에 감사하며 조상 공양을 제대로 하면 발복이 잘되어 대를 이어 남부럽지 않게 살 수 있을 것이다.

이렇게 조상님의 묏자리(음택)에 따라 3대에 걸쳐 자손의 운도 달라질 수 있다.

동기감응에 의한 발복, 흉기감응에 따른 발화發禍 현상

동기감응同氣感應은 생기풍수 이론의 기본 본질이라고 할 수 있다. 땅속을 돌아다니는 생기生氣를 사람이 접해 복을 얻고 화를 피하자는 것이며, 사람의 몸속에 흐르는 혈관에 영양분과 혈액, 산소가 운반되는 것처럼 땅에도 사람의 혈관처럼 수많은 땅의 기운이 흐르며 그 영향을 받는다는 것이 생기이론이다. 즉 산 사람은 산 사람대로, 죽은 사람은 죽은 사람대로 땅의 기운을 받고 사는 것이다. 특히 죽은 사람은 땅속에서 직접 생기를 받아들이기에 산 사람보다 죽은 망자亡者가 얻는 생기가 더 크고 확실하다고 보고 죽은 망자가 얻는 생기가 후손에게 그대로 이어진다고 여기고 있으며, 이를 동기감응 또는 친자감응親子感應, 생기감응生氣感應이라고 한다.

생기감응은 조상을 모신 조상 묘의 땅의 기운을 그대로 후손들이 감응을 받는다는 뜻이다. 즉, 땅에 조상을 모실 때, 조상의 관 하관 시 칠성판七星板(관 속 바닥에 까는 얇은 널조각)이 땅에 닿는 순간부터 후손들에게 생기감응을 주기 시작한다. 이를 과학적으로 분석하는 데는 한계가 있지만 현장에서 수많은 학습과 통계와 데이터로 본 결과 하관 후, 후손을 L로드나 펜듈럼(수맥추)으로 진단을 해 보면 터의 생기를 알 수 있다.

그럼 생기 없는 흉지에 모시면 어떨까? 끔찍한 일이지만 흉기감응이 된다. 조상의 유골이 좋은 환경에 있으면 좋은 기를 발산하여 자손이 좋은 기를 받게 된다. 반면 나쁜 환경에 있으면 나쁜 기를 발산하여 자손이 나쁜 기를 받는다. 이 동기감응을 받아들이는 속도와 용량은 어릴수록 강하고 나이가 들수록 약하다.

실제 동기감응을 과학적으로 증명하기란 어려운 일이지만 조상의 사령死靈이 자신의 존재 상태를 꿈을 통해 자손에게 알리기도 한다. 흉지에 조상의 묏자리를 쓴 경우에는 조상에 관한 꿈들은 다음과 같이 나타난다.

- 조상이 물에 젖은 긴 머리 모습으로 나타난다.
- 초췌한 몰골로 나타나 '춥다'고 말을 한다.
- 몹시 배고프다고 한다.
- 노한 모습으로 꾸짖는다.
- 물품 등을 요구한다.

그런데 문제는 이러한 꿈은 단순히 꿈으로만 끝나는 게 아니라는 점이다. 이렇게 조상들에 관한 좋지 않은 꿈을 꾸고 나면 꿈을 꾼 사람의 몸이 아프고, 집안에 환자가 발생하거나, 갑자기 사업에 어려움을 겪게 되며 예상치 못한 사고 등 갖가지 우환들이 생기게 되는 일이 많아진다.

　이렇듯 음택, 즉 조상들의 묏자리가 풍수에서 차지하는 비중은 절대적이다.

장모님 묏자리가 명당이면 사위도 복 받는다

　이번 의뢰인은 하마터면 복을 주는 처가의 조상들에게 큰 죄를 지을 뻔했다. 어느 날 60세가 넘은 의뢰인이 조상 묘를 보고 싶다고 하며 친구분과 같이 찾아왔다. 의뢰인은 사업을 하는데 잘 될 듯 하면서 풀리지 않는다고 했다. 의뢰인을 보니 기운이 없었고, 당연히 조상 묘도 좋지 않을 것이라 예상했다. 조상 묘를 찾아가 보니 역시 흉지에 모셔져 있었다. 의뢰인의 조상 묘에 대한 명당 처방 날짜를 잡고 나서 같이 온 친구분도 봐 드리겠다고 하니 의뢰인은 '이 친구는 사업도 잘 되고 잘 살고 있으니 조상 묘가 좋을 것이다'고 했다.

　의뢰인의 친구분 역시 자신의 부친 묘가 좋을 것이라고 하면서, 어렵게 살다가 부친 묘를 쓰고 나서 형편이 펴기 시작하여 그런대로 살고 있다며 겸손하게 말했다. 그러자 의뢰인은 친구가 굉장한 부자라고 하면서 겸손을 떤 친구에게 핀잔을 주었다. 하여튼 그 친구분을 살펴보았다. 예상과는 달리 그분의 기운은 그저 평범했다. 좋은 기운이 있을 줄 알았는데 아니었다.

그래서 의뢰인 친구분에게 생각하는 것과는 달리 부친 묘는 명당이 아닐 것 같다고 말하니 그 친구분은 그럴 리가 없다는 어이없는 표정을 지었다. 오히려 그분의 부친 묏자리는 흉지로 보였다. 의뢰인 친구분에게 부친께서 돌아가실 무렵에 혹시 주위 친인척 중 돌아가신 이가 있는지 기억해 보라고 했다. 그랬더니 부친께서 돌아가시던 해에 장모님도 돌아가셨다고 하였다.

그러면서 스마트폰으로 장모님의 산소를 보여주는데 생기 에너지 반응이 감지되는 아주 좋은 묘였다. 결국 의뢰인의 친구분은 장모님 묏자리 잘 쓴 덕을 보고 있었던 것이다. 그분에게 '이제부터는 사모님 업고 다니세요'라고 하면서 발복의 원리를 설명해 주었다. 그동안 친구분은 장모님의 발복은 생각지도 못하고 자기 부친의 발복 때문으로만 여기고 있었던 것이다.

배우자의 기운도 중요하다. 그래서 배우자도 잘 만나야 한다. 오래전 우리 조상들은 집안에 새로운 며느리를 들일 때 먼저 시집 간 언니가 잘 살고 있는지 확인하고 며느리를 삼았다고 한다. 그 집안의 運을 본 것이다.

그러나 흔히 부부의 경우 여자는 출가외인이라서 처가 쪽보다 시부모나 시조부모의 영향만 받는다고 생각한다. 오죽하면 '처삼촌 벌초하듯'이라는 속담이 다 있을까 마는 그동안 오랜 경험과 사례로 보건대 절대 그렇지만은 않다. 남녀가 결혼을 해서 부부가 되고 일가를 이룬 경우 대부분 처갓집 조상은 본인 삶에 아무런 영향이 없는 것으로 생각하고 있다. 그러나 그것은 아주 잘못된 상식이며, 위험한 생각이다. 부부의 인연因緣이 맺어지면 그 연으로 인해 자식이 생긴다. 그러므로 당연히 배우자의 조상은 내 자식의 조상이 되는 것이다. 그렇다면 나의 조상도 되는 것이 아니겠는가?

그래서 처가나 시가의 조상 또한 똑같이 잘 공양해야 하며, 천도재薦度齋를 하더라도 양가兩家 조상을 함께 해드려야 탈이 없다는 것을 알아야 한다. 이러한 이야기를 듣고 의뢰인의 친구분은 고개를 끄떡이며 연신 고맙다고 했다.

40대 수백억 자산가의 성공 비결은 조상 묘 덕분이다

시골 한적한 곳에 집을 지으려고 하는데 집터를 봐달라고 상담 문의가 왔다. 현지에 가서 명당 혈 자리를 잡아주고 그 혈 자리에 안방이 들어가야 한다고 알려줬다. 그 후 차 한 잔을 하면서 이야기를 나누다가 두 내외의 생기 진단을 하게 되었다. 두 내외 모두 생기가 있었다. 부부가 모두 생기가 있는 경우는 그리 흔하지 않다. 이는 부부 양쪽, 즉 시가나 처가쪽 모두 조상의 묘가 좋은 곳에 모셔져 있는 경우이다.

명당에 관한 이야기를 해 드리고 부부가 모두 명당 자손이면 재물이 불같이 일어나니 '두 분은 지금 괜찮게 살고 계시겠네요?' 하고 질문을 던졌다. 두 분은 결혼 초에는 무척 힘들게 살며 5천 만 원의 돈을 어렵게 만들었다고 한다. 그 돈으로 길이 연결되지도 않아 값이 싼 맹지 땅을 사두었는데 어느 날 그 땅이 개발이 되고 바로 그 옆으로 도로가 생기면서 땅값이 10배나 뛰었다고 한다. 이후 그 땅을 판 돈으로 다른 땅을 샀는데 그 땅도 5배 이상 뛰었고, 계속 땅이든 집이든 부동산은 뭐든지 사기만 하면 값이 올라서 많은 이익을 남기게 되고 큰돈을 벌었다고 한다. 40대 중반인데 이미 수백억에 달하는 상가 빌딩을 소유하고 있었다.

비교적 이른 나이에 성공할 수 있었던 것은 물론 부부 모두 근면 성실하게 열심히 산 것도 있지만, 조상 묘가 자손들에게 얼마나 중요한지 알려주는 사례라 여겨진다. 조상은 반드시 편안하게 영면할 수 있는 명당 혈 자리에 묻어 드리고 조상님께서 자손들에게 간섭하지 않게 해드려야 자손들이 하는 일마다 술술 풀리는 것이다. 이러한 것이 진정한 생기풍수의 진리이다.

이때 중요한 것이 좋은 묏자리를 쓴다고 사 · 수 · 향 즉, 산세와 물 방향 등과 같이 좌향만 보고 결정하면 큰 실수를 할 수 있다는 점이다. 전국을 다니면서 명당 묏자리를 진단하면서 느낀 게 많다. 대체로 좋다고 하는 묘지들은 풍수 전문가 분들이 방향과 산세를 보고 나름대로 결정한 묏자리일 것이다. 그런데 직접 그 묏자리를 찾아 살펴보면 너무나 한심스러운 경우가 많았다. 명당 혈 자리가 조상의 묘 즉, 망자의 배꼽에 있어야 하는데 명당 혈 자리를 묘 옆에 두거나 혹은 묘 앞에 두는 등 엉뚱한 곳에 묘를 쓴 경우가 다반사였다.

돌아가신 조상들을 좋은 명당에 모시고 정성을 다하는 것도 후손들이 건강하고 윤택한 삶을 살기 위한 것이다. 그런데 산세와 주변 입지만 보고 명당이라 단정 짓고 그 터 적당한 곳을 골라 조상의 묘를 쓴다면 이는 사기에 가까운 짓이다.

　아울러 요즈음 후손들이 조상 묘를 관리하는 걸 보면 염려스러운 부분이 많다. 앞으로 성인이 될 손자나 손녀들 세대에는 조상 묘 관리를 소홀히 하거나 아예 관리를 하지 않을지도 모른다. 제사를 모시고 조상 묘를 관리하는 일보다는 편리함을 우선시하는 요즘의 시대적 분위기 때문에 장례문화葬禮文化도 다양해지고 있는 추세이다.

　화장火葬을 해서 납골당納骨堂에 모시기도 하고, 산골散骨하기도 하지만 화장한 뼛가루도 반드시 명당 혈 자리를 찾아서 모셔드려야 한다. 그래야만 그 후손이 생기감응을 받고 명당자손으로 조상 복을 받게 될 수 있다.

　편리한 관리를 위해 여기저기 흩어진 조상 묘를 파내어 한 군데로 모으려는 작업을 하기도 한다. 전국을 다니다 보면 고속도로변이나 국도 주위를 살펴보면 횡렬로 쓰여진 묘지들이 많이 보인다. 그냥 보기엔 좋고 예쁘게 만들어졌지만, 이는 정말 무지하고 무식한 행동이다. 명당 혈은 산맥(용맥)을 따라 산 위에서 산 아래로 내려오면서 존재한다. 그런 사실을 모르고 옆으로 묘지를 쓰는 것은 풍수를 한 것이 아니라 풍수를 파괴한 것이다.

외양과 경광景光만 좋으면 그 자리가 명당자리라고 함부로 남의 조상 묘를 모셔 드리면 될까? 흉지나 수맥이 흐르는 터라도 좌향만 좋으면 생기 있는 땅으로 과연 변할까? 절대 아니다. 명당은 확실한 혈 자리(좋은 기가 나오는 곳)가 있는 자리를 말한다. 이렇듯 생기풍수에서는 명당을 혈 자리 유무를 가지고 절대적으로 판단한다.

고위관직에 있으면서 명예와 돈을 가진 사람들이 왜 명당자리를 찾을까?

● 1995년 김대중 후보는 부모님 묘를 하의도에서 용인으로 이장하고 2년 뒤인 1997년 대통령에 당선되었다.
● 2001년 김종필 총재는 부모님 묘를 예산에서 부여로 옮겼다.
● 2001년 한화갑 총재 역시 부모님 묘를 목포 하당에서 예산으로 이장했다.
● 2004년 이회창 총재는 대선 패배 직후 부친의 묘를 예산 읍내에서 신양면 녹문리로 옮겼다.
● 2004년 이인제 의원 역시 모친 묘를 같은 선영 내에서 200m 떨어진 건너편 산으로 이장했다.
● 2007년 정동영 의원 역시 순창에 있는 부모님 묘를 새롭게 꾸몄다.

이렇게 이장을 해서라도 명당 묏자리를 찾으려는 유명 정치인들의 사례는 이외에도 많이 있다. 그러나 반드시 명당을 찾아 조상님의 묘 이장을 했다고 전부 성공하는 것은 아니다. 위의 예에서도 보듯이 그동안 우리나라 정치인 중 이장 후 고 김대중 대통령만 성공했다고 볼 수 있다. 나머지 다른 분들은 조상 묘를 이장했어도 그 전 묏자리보다 못하거나 비슷했던 것이다.

중국의 시진핑 주석도 아버지 묘를 이장했다. 사회주의 마르크스주의 관점에서 풍수는 분명 미신으로 본다. 1921년 7월 중국 공산당을 창당한 천두슈의 풍수관에서 잘 드러난다. 그는 '청년에게 드리는 글'에서 '중국 지식인들이 과학을 모르고 음양오행설에 빠져 땅 기운 운운하는 풍수설로 혹세무민惑世誣民한다'고 비판한 바가 있다. 그러나 시진핑은 2005년, 아버지 시중쉰 묘를 베이징에서 시안 푸핑현의 길지로 이장했다.

이처럼 대단한 권세가들도 이장을 하면서까지 끊임없이 명당을 찾고 있는 것이다.

거지가 명당에 묻힌 후 생긴 일

지금으로부터 약 70여 년 전 한국전쟁이 끝나고 우리나라 전 국토는 폐허가 되어 먹고 사는 것도 힘들고 모두가 어려운 시기였다. 봄이 되면 먹을 것도 없는 춘곤기로 배곯은 사람이 많아 물을 잔뜩 먹고 배를 채우던 시절도 있었다. 헐벗고 배고픈 거지도 많았고, 생활이 어려워 돈 있는 집에 들어가서 그 집에서 먹고 자면서 힘들게 남의 집 머슴살이를 하다 죽으면, 장례비용도 마련을 못하여 아침 동틀 무렵이나 저녁 해지고 나서 지게에 가마니를 덮은 관을 메고 동네어귀를 지나 아무 야산이나 양지바른 언덕에 묻어 드렸던 그런 시절이었다. 이후 세월이 흘러 그 머슴의 자손이 번성하여 돈을 많이 벌어 부자가 되었는데, 나중에 알고 보니 머슴이었던 조상이 묻힌 곳이 명당자리였다는 이야기도 있다.

전남 장흥에 가면 장흥군의 주산이라고 할 만한 사자산이 있다. 이 사자산은 사자 형상에다 사자의 갈기까지 뚜렷하게 보이는 모양을 하고 있다. 어느 날 그 지역에 사는 의뢰인의 묘지 이장 건으로 그곳을 방문했었다. 당시 사자산 인근을 지나고 있었는데 의뢰인은 근처에 어떤 묘지가 있으니 잠시 보고 가자고 했다. 그 묘는 산 중턱에 있었는데 돈 좀 있는 분의 조상 묘 같이 잘 가꾸어져 있었다.

진단해 보니 정확히 명당 혈 자리에 안장되어 있었다. '이 묘지 후손들은 잘 살겠네요'라고 말을 했더니 이 묘지를 보고 지역의 풍수가들 사이에 설왕설래說往說來가 많았다고 한다. 지역 풍수가들이 이 묘지를 두고 '명당이다, 아니다' 서로 반대 의견으로 논란이 컸었다는 것이다.

이 묘지에 계시는 망자께서는 원래 거지 생활을 했던 분이었는데 어느 날 동냥을 하고 오다가 그 자리에서 돌아가셔서 동네사람들이 그곳에 땅을 파고 묻어 드렸다고 한다. 그 후 이분의 자손들이 크게 대성하여 엄청난 부자가 되어 잘 살고 있다는 것이다. 이 묘지도 처음에는 봉분만 대충 만들어져 초라하기 짝이 없었으나, 그의 자식들이 돈을 많이 번 후에 봉분을 올리고 사초를 하고 상석 비석을 세우면서 보기 좋게 가꾸어진 것이다.

참으로 잘한 일이다. 이곳이 명당 혈 자리였던 것이다. 만약에 이장을 하였다면 큰일 날 뻔했다. 이러한 사례를 눈여겨봐야 한다. 조상의 명당 묏자리를 후손의 무지로 잘못 이장하거나 파묘해서 화장하여 뿌려서 한 집안이 폭삭 망하는 경우도 많이 봤다. 조상 묘를 이장移葬 하려거든 현재 자리보다 아홉 배가 좋아야 한다는 이야기가 있다. 그만큼 이장은 함부로 하는 것이 아니다. 이장 시에는 반드시 명당 혈 자리를 찾아 모셔야 한다.

조상 묘에 대해 상담을 해보면 이장을 하고 싶어도 실행에 옮기지 못하는 몇 가지 이유가 있다.

첫째, 가족 간에 이장 합의가 안 되었을 때이다. 가족 중 후천적 변수에 의해 그런대로 잘 사는 사람이 있다면, 그 사람의 반대가 심할 것이다. 즉, 자신은 잘 살고 있는데 혹시나 조상 묘를 잘못 건드려서 본인이 잘못 될까봐 반대하는 것이다.

둘째, 특정 종교인의 반대가 심한 경우가 있다. 풍수를 미신이라고 치부하고 있는 분들이다.

셋째, 조상 묘를 이장하고는 싶지만, 장손의 경제력 능력이 부족해 못하는 경우가 있다.

넷째, 어떤 풍수가에게 믿고 맡기겠냐는 것이다. 풍수가들을 믿을 수가 없어서 이장을 못하겠다는 것이다. 이해할 수 있다. 진정한 명당을 찾을 수 있는 풍수가는 과연 몇 명이나 되겠는가?

위에서 소개한 거지 명당 이야기에서 볼 수 있듯이 풍수가들이 찾아낸 명당은 별로 없고 우연히 묘지로 썼거나, 풍수도 몰랐던 망자 본인이 생전에 마련해 놓은 땅, 즉 신후지지身後之地에서 운 좋게 명당자리가 발견될 수도 있다.

수맥 있는 묏자리는 반드시 이장을 하라

명당은 생기(좋은 기운)가 나오는 땅이다. 진정한 명당이 무엇인지 제대로 알지도 못하면서 풍수하시는 분들은 반성을 해야 한다. 더구나 명당은 고사하고 자칫 흉지에 묏자리를 썼다간 큰 화를 부르기도 하니 묏자리를 잡을 때는 정말 신중하고 주의를 기울여야 한다. 우리나라 수맥 분야 최고 권위자로 풍수에 큰 영향을 미친 유명한 고 임응승(세례명 사도요한) 신부님도 잘못된 묏자리가 얼마나 치명적인지 일깨워준 사례도 많았다.

임신부님은 작은 추(펜듈럼)를 손에 쥐고 전국을 직접 찾아다니며 수맥을 탐사하고 집터와 묏자리를 잡아주었다. 때론 많은 물이 필요한 회사나 공장의 수맥을 찾아주었는데 그 정확도가 백발백중이라 주위를 놀라게 하셨던 분이다.

　그런 임신부님께 어느 날 한 지인이 자신의 친구 모친의 묏자리를 봐 달라는 요청에 묘지를 가보았다. 신부님 눈에는 그 묏자리 땅속에 수맥이 지나가고 있는 게 보였고 앞으로 큰 화를 입을 수 있으니 빨리 다른 곳으로 이장할 것을 권했다고 한다. 그러나 당시 무척 바빴던 의뢰인 친구, 즉 장지의 후손은 훗날 이장하리라 마음 먹고 일단 일본으로 출장을 떠나게 되었다. 그러나 현지에서 묵었던 호텔에 한밤중에 큰불이 나는 바람에 일행 모두 화염에 휩싸여 돌아가시는 비극이 벌어졌다.

　그런 임신부님께도 당시에는 무슨 천주교 신부가 땅속의 물을 가지고 이렇다 저렇다 길흉을 점치냐며 믿지 못할 미신이라고 시비도 많았다고 한다. 그 당시에는 '괴짜 신부님, 지관 신부님' 등으로 언론에서도 떠들썩했다. 그러나 임신부님의 경우에는 돈을 벌기 위해 수맥을 찾아 전국을 누빈 것도 아닌, 오직 자신의 능력을 가지고 이웃의 불행을 막고자 했을 뿐이었다. 그렇기에 더더욱 임신부님께서 수맥을 피해 집터와 묏자리를 잡아 주신 것을 두고 단순히 미신이나 아둔한 행위로 치부할 수 있을까?

　다시 한번 강조하지만 묏자리 아래로 수맥이 흐른다면 반드시 피해야 한다. 묏자리 아래 수맥은 분명 그 위에 있는 조상 시신을 침범하고 그로 인한 나쁜 기운은 후손들에게까지 영향을 미치게 되기 때문이다. 이는 음택인 묏자리뿐 아니라 양택인 집터에도 해당하는 이치로 집터 아래로 수맥이 흐른다면 그 위에 살고 있는 산 사람에게도 해를 끼친다.

할아버지 묘가 명당인데도 자손이 생기가 없는 사연

상담을 하게 되면 아주 오래된 일들부터 현재 살고 있는 이야기까지 다양한 이야기들을 듣게 된다. 몇 년 전 할아버지 묘가 바뀐 이야기이다. 조상 묘가 명당에 계시면 그 후손이 생기감응生氣感應을 내려 받아 좋은 기운으로 잘 되고 잘 산다는 이야기는 많이 들었을 것이다. 즉 사람을 진단해서 생기가 없는 것으로 진단이 되면 조상 묘가 좋지 않은 곳에 있다는 것을 알 수 있다.

철원 쪽에 사시는 분이었는데 상담 의뢰를 해서 진단을 해 보니 생기감응이 안 되는 것으로 나타났다. 조상 묘가 좋지 않음을 설명해 드린 다음 날짜를 잡고 의뢰인의 조상 묘가 있는 철원에 직접 가 보았다.

의뢰인의 집도 선산先山 근처에 있어 집에 들러서 차 한 잔하고 가라는 말에 그 분의 집에 들렀다. 이왕 온 김에 차를 마시고 집안의 수맥도 잡아 드렸다. 사는 집도 괜찮고 그런대로 잘 살고 계셨다.

선산에 올라가는 길에 의뢰인 부모님 묘를 보니 썩 좋지 않았다.

윗분부터 처방을 해 드려야 하겠기에 먼저 위에 계시는 조부모님 묘로 갔다. 조부모님 묘를 진단해 본 결과 깜짝 놀랄 일은 할아버지 묘가 명당이었다. 옆에 계신 할머니 묘는 명당이 아니라 평범했다. 생기풍수生氣風水 측면에서 보면 어떻게 할아버지 묘가 명당자리에 있는데 의뢰인은 생기가 없는지 아무리 생각해도 있을 수 없는 현상이었다. 어처구니없는 현실 앞에서 무기력해진 나는 의뢰인에게 오늘 처방을 하지 말고 다음에 하자고 하니 이왕에 왔으니 처방을 하라고 한다.

그래서 도무지 이해할 수 없는 생기에 대한 자초지종을 설명해 드리니까 이해가 간다고 하시면서 오히려 잘 진단한 것 같다며 지난날의 일들을 말씀하셨다. 사실은 조부께서 6.25 전쟁 때 시골 마을 이장을 맡아서 일을 했다고 한다. 그러던 중 북한군이 내려와서 면사무소에서 마을 이장 회의를 소집하고 이장 모두를 구덩이를 파서 그곳에 몰아넣고 총으로 사살한 후에 휘발유를 붓고 불을 질러 태웠다고 한다.

당시 의뢰인의 할머니께서는 남편(할아버지) 시신을 수습하셨는데, 도대체 불에 그을러서 알아볼 수가 없어서 남편이 신고 갔던 신발을 보고 찾았다고 한다. 그 후 할머니께서는 살아계실 때 늘 '내가 죽으면 할아버지와 절대로 합장하지 말고 따로 묘지를 만들라'고 말씀을 하셨다는 것이다. 아마 할머니께서는 무언가 미심쩍음을 느끼고 계셨던 것이 아닐까.

의뢰인에게 위로의 말씀을 드렸다. 모르고 지냈으면 좋았을 비밀 같은 할아버지 묘의 진실이 드러나게 생겼으니 말이다. 이제 와서 어쩔 도리가 없는 것이 아니냐며 '지금까지 잘 모셔 왔으니 앞으로도 잘 모시면 좋은 일들이 생기겠지요'하며 위로를 해 드렸다. 이 경우처럼 진짜 친할아버지의 시신이 수습이 안 되었으면 혼을 모시는 초혼장招魂葬으로 명당자리에 모셔야 한다.

명당을 파묘한 것은 복을 찬 격이다

상담 전화는 전국 각지에서 오는데 상담 내용도 부부, 형제, 자녀 등 가족 문제부터 가게나 사업장, 조상님 묏자리에 이르기까지 다양하다. 이번에 상담한 분의 이야기는 무지에서 온 참으로 안타까운 사연이었다.

의뢰인은 5남매 중에 차남인데 조상 묘를 4개월 전에 파묘破墓를 해서 바다에 뿌렸다고 한다. 고조부 내외, 조부모 내외, 할아버지 내외, 아버지, 어머니까지 모두 파묘했다니 정말로 큰일 날 행동이라고 했다. 그러자 의뢰인은 누구는 잘 했다고 하던데 왜 그런 말을 하냐며 버럭 화를 냈다. 더구나 그동안 자기네 5남매들은 큰 걱정 없이 잘 살아오고 있다는 것이다. 자세한 이야기를 할 틈도 없이 기분 나쁘다고 하면서 일방적으로 전화를 끊어 버렸다.

지금까지 잘 살고 있었던 것은 짐작으로 조상님 묘 중에 명당자리에 계신 분이 발복운을 주지 않았나 하는 생각이 든다. 그렇지만, 지금은 파묘를 해서 음택(묘지)을 없애고 화장해서 뿌려 버렸으니 이건 자손이 스스로 큰 복을 찬 격이라 앞으로 이 집안도 심히 걱정이 되었다. 이렇듯 자손들이 자신들만 편할 생각으로 고이 잠든 조상님들의 묘를 파묘해서 뿌린 후 좋지 않은 일들이 벌어지는 걸 많이 보았다. 또 그런 분들의 상담 요청에 응하며 해결책으로 적절한 비방과 처방을 해 오고 있다.

이러한 처방 과정은 마치 오랜 경험을 쌓은 노련한 한의사가 환자의 손목을 잡고 진맥을 통해 환자의 건강 상태를 파악한 다음 처방을 하는 것과 유사하다. 상담을 하면서 제일 먼저 진단하는 것이 의뢰자의 집이다. 집에 수맥이 있는지 없는지를 파악하고, 그 다음에 거주자들에게 생기가 있는지 사기邪氣가 있는지를 본다. 이어 사람들의 잠자리가 편안한지, 잠을 자면서 악몽을 꾸는지 아닌지, 가위에 눌리는지 등 잠자리부터 전반적인 건강 상태도 확인한다.

이유를 알 수 없이 몸이 아프거나 좋지 않은 일들이 계속 일어나는 경우에는 대부분 집에 수맥이 흐르거나 가게 터나 조상님 묘에 수맥이 있는 경우가 많다.

남의 묏자리에 묘 쓰는 일은 절대 금물이다

경상도에서 오신 의뢰인의 조상 묘에 수맥이 흐르고 있어 이장할 것과 함께 의뢰인의 몸에 있는 사기를 빼내어 초혼장으로 모셨다. 그리고 영가의 혼령을 담은 항아리, 초혼함을 산에 묻어 드리라고 상세히 설명을 해 주었다. 그런데 그 분으로부터 상담하고 가신 바로 다음날 전화가 왔다. 산에 올라가서 초혼함을 묻어 드리고 오다가 의뢰인의 안사람이 넘어져서 한쪽 팔에 타박상을 입었고 본인도 이상하게 그날부터 잠도 못자고 꼬박 밤을 새웠다는 것이다. 그러면서 왜 이런 일이 일어나는 거냐고 물어왔다.

힘겨운 목소리에 걱정이 되어 혹시 초혼함을 묻은 곳이 남의 묘가 아닌지 확인해 보라고 일러주었다. 확인해 보니 워낙 오래된 무덤이라 알아볼 수 없었는데 바로 남의 묘 위에 초혼함을 묻었던 것이다. 그 때문에 동티가 나서 의뢰인의 아내가 넘어지는 낙상사고도 생겼고 의뢰인도 잠을 못 이루게 된 것으로 풀이 되었다.

의뢰인에게 빨리 묻은 자리에 다시 올라가서 초혼 항아리를 파내어 다른 곳에 묻어 드리라고 했다. 그 후론 별 탈이 없었다.

조상님을 모심에 있어 매장도 하고 화장을 하기도 한다. 그러나 영혼은 반드시 존재하고 있다. 오래된 묘지지만 그 넋이 존재하기에 묘지는 곧 유택幽宅으로서 그 영혼의 집이다. 남의 집에 다른 영혼을 묻는 건 무단으로 주거침입을 한 꼴이 되어 큰 화근이 생길 수 있으니 절대 피해야 할 일이다.

명당에 묫자리를 썼는데도 음덕을 못 받는다고?

명당자리를 찾아 전국을 다니다 보면 최고의 풍수가라고 자처하는 분들이 소점한 묘지들이 명당자리가 아닌 경우가 수두룩하다. 외관만 보고 결정한 터라 껍데기만 좋게 보일 뿐이지 대부분 망자가 모셔진 자리는 생기가 없는 나쁜 땅인 경우가 많다.

전통적으로 명당자리는 풍수지리학의 교과서적 이론으로는 좌청룡左靑龍, 우백호右白虎, 배산임수背山臨水, 영구음수형靈龜飮水形, 갈룡음수형渴龍飮水形 등으로 표현할 수 있다. 그렇지만 명당의 조건 중 정말 중요한 것은 반드시 용맥(산줄기)을 따라 좋은 기가 나오는 혈穴 자리에 있어야 한다. 모두가 명당자리라고 하여도 혈 자리를 찾지 못하면 그 터는 평지 터에 불과할 정도로 제구실을 하지 못한다.

전국을 다니다 보면 작고하신 고 임응승 신부님이 오래전 소점한 묫자리를 보는 경우도 있다. 궁금한 마음에 확인해 보면 한결같이 명당 혈 자리에 정확히 모셔진 것을 알 수 있었다. 가히 이 시대 최고의 풍수가이며 최고의 수맥 대가이셨다. 가끔 공부하시는 도반 스님들께 가장 훌륭한 풍수가가 누구냐고 물어보면 대부분 임응승 신부님을 최고라고 꼽았다. 저자 또한 임응승 신부님에게 정신적으로 큰 영향을 받아 뜻한 바를 이루기 위해서 생기풍수의 명인이신 지거知居 한상남 선생님을 모시고 수학受學을 하며 더욱 생기풍수에 정진하게 되었다.

생기풍수 공부를 시작하고 나서 고 임응승 신부님께서 소점한 자리라고 하면 모든 일을 제쳐두고 찾아가서 살펴봤다. 단 한 곳도 명당에 모셔지지 않은 곳이 없었다.

그러다 몇 년 전 천안에 살고 계시는 분의 상담을 받았다. 생기 감응 여부를 진단해 보니 생기감응이 되어 있지 않았다. 이런 분은 조상이 명당자리에 모셔지지 않은 게 분명하다. 이런 내용을 설명해 드리고 조상 묘를 보고 명당 처방과 초혼장을 하기로 하고 이야기를 하다가 깜짝 놀랄만한 사실을 알게 되었다.

의뢰인의 이야기에 따르면 본인의 아버지께서는 가톨릭계 고등학교 교장 선생님이셨다. 당시 의뢰인의 아버지는 임응승 신부님과 교분이 있는 절친한 사이였다고 한다. 임응승 신부님께서 묏자리도 잘 보신다는 것을 알고 할머니께서 돌아가실 날이 얼마 남지 않아 신부님께 할머니 묏자리를 부탁해서 잡은 것이라고 했다.

그동안 들로 산으로 다니면서 확인한 결과 임응승 신부님이 잡은 묏자리는 100퍼센트 명당이었는데 말이 안 되는 현상이 일어나서 깜짝 놀랐다. 천안에서 오신 이 의뢰인은 당연히 생기가 있는 명당 자손이 되어야 했다. 그러나 다시 한번 그분을 진단해 보니 역시 생기 감응자가 아니고 흉기 감응자였다. 서둘러서 천안으로 달려가 할머니 묏자리를 살펴보니 아뿔싸 봉분 바로 옆에 명당 혈자리가 보였다.

정말 안타까웠다. 임응승 신부님께서 이렇게 잘못 찾을 리가 없는데 왜 이랬을까 하며 잠시 생각을 하고 있는데, 의뢰인이 이런 이야기를 했다. 그때 할머니께서는 의사가 금방 돌아가실 거라고 했지만 의식불명 상태에서 다시 깨어나서 일곱 달을 더 사시고 돌아가셨다는 것이다. 그리고 임응승 신부님께서 소점한 자리에 모셨다고 한다.

다시 앞뒤 정황을 살펴보면 당시에 임응승 신부님께서는 명당자리를 정확히 잡아 드렸었는데 일곱 달 후에 할머니께서 돌아가신 후 다시 그 자리를 찾아 모시면서 실수로 혈 자리를 약간 비껴나간 옆으로 모신 것이었다.

풍수 경전인 《청오경靑烏經》을 보면 '호리지차 화복천리毫釐之差 禍福千里'라는 말이 있다. 털 두께만큼의 차이로도 화와 복이 천리를 왔다갔다 한다고 하였다. 청룡백호가 좋고 배수임산이 좋으면 아무데나 묘를 써도 명당자리라는 논리는 무책임한 견해이다. 혈 자리에 혈판이 육각형 모양으로 에워싸고 있는 자리가 진짜 명당이다. 즉 명당자리는 육각형 모양의 땅으로 산줄기를 타고 있으며 생기가 발생하는 곳이다.

전국을 다니다 보면 기존 풍수가들을 비난하는 소리를 많이 듣게 된다. 풍수가로 명성만 높지 정작 명당을 올바르게 찾지 못하여 사람들에게 고통을 준 경우가 많았기 때문이다. 그러나 근대 최고의 풍수가이자 수맥 대가였던 임응승 신부님을 나쁘게 말하는 사람은 단 한 번도 보질 못했다. 그동안 우리나라에서 풍수가로서 남의 묏자리를 가장 많이 소점하신 걸로 알려져 있다. 그런 분에 관해 시시비비를 따진 일도 없이 아무 탈 없는 것을 보면 이 시대 최고의 풍수가임에는 틀림없다는 생각이다.

파묘 후 온 집안 모두 되는 일이 없는 경우

의뢰인은 부산에 사시는 분인데, 형제들이 많은 집안의 장남으로 넉넉하지는 않았지만 의뢰인의 부모님은 재산도 꽤 가지고 있었고 선산에 딸린 전답도 있었다고 한다.

이 의뢰인은 부산에서 안정적인 직장에 다녔으며 정년를 마치고 지금은 쉬고 있는 상태였는데 걱정거리가 있어 상담을 해 왔다. 의뢰인의 부친이 살아계실 때 많은 재산을 장남인 자신과 상의하지 않고 막내 동생에게 전부 상속을 해주는 바람에 형제간의 갈등이 생겼다고 한다. 또한 형제간에 조상 묘 관리를 서로 미루며 번거롭게 여겨서 고조부 내외, 증조부 내외, 부친 묘까지 모두 파묘해서 선산에 뿌려 드렸으며, 제사는 의뢰인이 지낸다고 했다.

이렇게 조상님을 갑자기 화장해서 뿌려 드린 후 어떤 일이 생겼을까?

지금 형제들은 서로 왕래도 안하고 지내는 사이가 되었고, 의뢰인 아들은 공무원 시험에 10년간 낙방만 하고, 딸은 결혼할 나이를 한참 지났는데 아직도 혼자라고 한다. 거기다 의뢰인도 깊은 잠을 이루지 못해 늘 피곤한 상태이고 가끔 꿈에 조상님들이 보인다는 것이다. 그리고 뭘 하려고 해도 되는 일이 없다고 했다.

전화로 대략적인 상담을 한 후 약속을 잡고 부산으로 갔다. 의뢰인 내외와 자녀분이 반가워하면서 맞이했다. 의뢰인과 자녀분의 사주를 봐드리고 일정을 알려준 다음 처방을 시작했다. 가장 먼저 집안의 수맥를 진단해서 수맥을 비방하고 조상님의 혼을 모시는 초혼장을 진행하는 과정에서 조부님의 부인이 두 분임을 알게 되었다. 그래서 조부님과 큰 부인을 같이 모셨고 조부님의 작은 부인은 따로 모셨다. 혼도 시기 질투를 하기 때문이다.

초혼장으로 조상님들을 모신 곳은 하동으로 과실수를 심어놓고 세월이 조금 더 흐르면 의뢰인 내외가 작은 집을 짓고 살려고 했던 곳이었다. 약 800여 평의 땅에서 명당 혈 자리를 찾는데 몇 시간이나 걸렸다. 그곳에 의뢰인의 조상 분들을 육각형이 나오는 명당 혈 자리에 모셔드린 후 조상의 명당 발복 기운을 확인시켜 드렸다. 이를 본 의뢰인 부부와 자녀는 모두 밝게 웃었고 가벼운 마음으로 올라왔다.

바로 다음날 의뢰인으로부터 마음이 너무 편안해졌고 잠도 잘 잤다고 전화가 왔다. 앞으로도 이 집안에 좋은 일들이 많아지리라 기대한다.

잘못 파묘하면 집안이 풍비박산난다

화장하면 무해무득無害無得, 무해무탈無害無頉이라고 많이 이야기한다. 국토가 작은 우리나라에 묘지를 쓸 땅만 있어도 축복이라는 말도 있다. 또한 묘 관리가 되지 않아 조상님 묘를 파내어 화장을 하는 사람들이 많이 늘어나고 있다.

그런데 화장을 해서 물에 뿌리고, 산에 뿌리는 것은 혼백이 안주할 유택이 없어서 노숙자 신세를 지게 되는 것과 같다. 조상 분들이 어느 날 갑자기 노숙자 신세로 구천을 떠돌게 되면 그 후손들에게도 좋지 않다. 대부분 우리나라에 돈 많은 분들과 고위공직에 계신 분들이 돌아가시면 화장하는 것을 본적이 있는가? 그러면서 국민들에게는 화장을 권유한다. 참으로 아이러니한 일이다.

여러 사정으로 부득이 화장을 하게 되면 유골을 기운 좋은 유골함에 밀봉해서 좋은 길지에 묻어 드리는 것이 현명하다. 납골당이나 수목장을 한다 해도 좋은 자리가 따로 있다. 납골당에도 수맥(수맥파)이 흐르기 마련이다. 수맥의 영향을 받지 않는 위치를 찾아서 모시든가 아니면 수맥파를 중화(차단)시키는 처방을 하여야 한다. 수목장 역시 좋은 명당을 찾아 묻는 것이 원칙이다.

그러면 앞서 말한 바와 같이 화장하면 무해무탈할까? 이러한 말은 편리주의에서 온 것으로 생각한다. 어차피 묘지 중에 명당은 극히 일부에 불과하고 대부분 보통이거나 흉지이므로 그 후손들에게 좋은 기운을 주고 있지 못하는 실정이다. 정확치는 않지만 그동안의 경험치로 보면 묘지 중 5퍼센트 내외만 명당에 속하고 나머지 95퍼센트 정도는 그저 평범하거나 흉지에 해당한다. 결론은 요즘 후손들은 조상분들의 묘가 있어도 좋은 일이 생기는 것도 아니고, 오히려 묘 관리만 번거롭고 힘들다고 생각하고 있다. 그런 마음을 은연 중에 가지고 있다가 파묘破墓하고 화장하여 납골하거나, 수목장으로 모시거나, 산골散骨(유골 따위를 화장하여 그대로 땅에 묻거나 산이나 강, 바다 따위에 뿌리는 일)하여 산이나 강에 뿌리게 되는 것이다.

그렇게 파묘 후 대부분 아무런 특별한 변화가 없다. 이는 더 이상 조상의 기운을 받을 것이 없으니 당연한 말이다. 그래서 '화장을 해도 무해무탈이다'라는 말이 생겨난 것이다.

그러나 드물지만 어쩌다 명당에 묻혔던 조상 묘를 파묘해서 화장하여 뿌려버리는 분들이 있다. 이런 경우엔 재앙災殃이 들어 온 집안이 풍비박산 나는 예를 많이 보았다. 또한 멀쩡하게 명당자리에 있던 조상 묘를 이장하여 흉지에 모시는 경우에도 악재가 생기기 마련이다. 때문에 화장해도 무해무탈이라는 말은 어불성설이다. 다음은 조상 묘를 파묘하고 화장했다가 심각한 문제가 생긴 사례들이다.

사례 1. 김 씨는 선산에 고속도로가 생기게 되어 부모·조부모 산소를 파묘해서 화장 처리하고 그곳에다 뿌렸다. 당시 형제가 두 분 있었는데 그때까지 두 분 다 사업을 하면서 승승장구하며 돈을 잘 벌었다고 한다. 그러나 조상 묘를 산골처리散骨處理한 후 형님은 아들자식 둘을 잃고, 김 씨 본인은 사업이 폭삭 망해서 늘그막에 고생하면서 살고 있다. 김 씨의 조상 묘가 있었던 자리를 보니 부모 묘(합장)가 명당 길지에 있었다.

사례 2. 홍 씨는 조부 산소가 다른 사람의 땅에 묻혀 있었는데 그 땅이 매매가 되면서 매입자가 이장을 하라고 해서 파묘하여 화장하고 산골처리했다. 그 후 큰 형이 돌아가시고 본인은 어린 딸을 잃었다고 한다. 홍 씨의 조부 산소 역시 명당이었던 것이다.

사례 3. 부모님이 살아 계신 장 씨는 조부모 산소가 좋지 않다고 하여 파묘 후 화장 처리해서 산골하였다. 그의 조부 산소는 물이 차 있었고, 조모 산소도 나무뿌리가 휘감아서 좋지 않았다고 한다. 그 후 장 씨에게는 아무 변화도 없었다. 그렇다고 잘 되는 것도 없이 예전이나 지금이나 힘들게 살고 있다.

결국 화장해서 산골처리한 경우가 100건이 있다고 하면, 95건 정도가 세 번째 사례의 장 씨처럼 무해무탈을 경험하는 것이다. 그래서 화장하여 뿌려버리면 무해무탈하다는 이야기가 일견 설득력이 있다. 그러나 사례 1, 2의 경우는 전혀 다르다. 화장하여 무해무탈이 아니라 풍비박산이 난 경우이다. 100건에 5건에 해당하는 드문 경우지만 참으로 안타까운 일이다.

비록 돌아가셨지만 자식이 부모를 화장해서 아무데나 뿌려버리는 것은 말이 안 된다. 혹시 화장을 하더라도 반드시 명당 길지에 편안하게 모셔드려야 한다.

파묘 후 벌 받고 정신 나간 스님

얼마 전에 모 스님께서 문자를 보내와 상담을 하게 되었다. 내용인즉 묏자리에 수맥이 흐른다고 해서 고조부에서부터 부친까지 하루에 모든 산소를 파묘해서 바다에 뿌렸다는 것이다. 그 후 3개월이 지난 얼마 전부터 하루에도 정신이 여러 번 오락가락하고 가족들도 꿈에 부친을 자주 본다고 한다. 또 스님은 영가와 접신이 된 상태로 헛소리를 하고 마치 다른 사람처럼 행동을 한다는 것이다. 그렇게 6~8시간 정도 접신이 된 후 제 정신으로 돌아와도 전혀 기억을 하지 못한다고 한다. 때문에 금전적으로도 손해 보는 일도 있었다고 전해 주었다.

이런 일은 나름대로 잘 영면永眠해 계신 조상님의 자리를 어느 날 갑자기 파묘하는 바람에 생긴 문제이다. 조상님을 함부로 그렇게 손대면 안 된다. 수맥이 흐르면 수맥파를 잡아 주면 되고, 안 좋은 기운이 흐르면 좋은 생기를 넣어 비방을 해 주면 되는 것을 잘 모르고 큰일을 저지른 셈이다.

그 스님의 조상님을 위한 재齋를 지내고, 스님에게 들어온 조상 영가와 떠돌이 영가를 달래어 초혼장으로 잘 모셔드렸다. 그렇지 않으면 더 많은 좋지 않은 일을 겪을 수 있기 때문이다.

조상 묘를 화장한 다음부터 계속되는 악재

다급한 전화문의가 왔다. 조상 묘가 선산에 있었는데 그 곳이 개발되는 관계로 조상님 묘를 화장하여 흐르는 강가에 뿌렸다고 한다. 그 이후 급속도로 집안은 기울고 망했다고 하며, 어떻게 했으면 좋겠냐고 물어왔다.

이런 경우 대부분 돌아가신 조상분의 혼을 불러 달래고 생기 있는 유골함에 모셔 명당 혈에 묻어 드리면 되지만, 모두 다 뿌려버렸기 때문에 될 수 있으면 하지 말아야 하는 행위를 쉽게 해 버렸다. 이런 때에도 조상님의 혼을 불러 초혼함에 모시고 좋은 명당 혈 자리를 찾아 모셔드리면 명당 자손이 될 수 있다.

요즘엔 전체 장례 중에서 화장장이 90퍼센트가 넘는다. 작은 땅덩어리에서 어쩔 수 없는 행위라고 생각하지만 화장문화가 너무

지배적인 사회가 되었다. 사실 화장문화를 좋게 보지는 않는다. 그러나 부득이 화장을 하는 행위를 굳이 반대하지도 않는다. 묻을 땅이 없는데 어쩔 수 없는 일 아니겠는가.

　그런데 화장을 하더라도 아무 땅이나, 흐르는 물에 뿌려버리는 것은 절대로 반대한다. 큰일이 날 짓이다. 이러한 분들은 대개 풍수를 무시하는 사람들이고 명당 혈의 존재를 부정하는 사람들일 것이다. 화장하여 산골처리하는 바람에 조상님들과 후손들 간에 동기감응이 끊기고 이로 인해 잘못되는 것을 인식하지 못하고 그냥 재수 없고 운이 좋지 않아서 잘 안 풀린다고만 생각한다. 이미 화장하여 산골散骨한 대가를 치르는 것인 줄 모르고 말이다.

　지금까지 화장하여 아무데나 마구 뿌려버린 후손치고 잘 되는 사람을 보질 못했다. 조상님을 부득이 화장을 하고 납골당에 모시게 되더라도 생기生氣가 있는 유골함에 넣어서 기운이 좋은 명당에 자리 잡은 납골당에 모셔야 한다.

납골 묘에도 명당이 따로 있다

　납골당에도 명당자리가 분명히 있다. 납골당도 풍수 이론에 입각하여 짓고 있기 때문이다.

　납골당 때문에 상담을 원하는 전화가 왔다. 나이 지긋한 여자 분이신데 오래 전에 남편을 화장하여 납골당에 모신 다음부터 집안이 좋지 않다고 했다. 자식들이 모두 힘들게 살고, 본인도 꿈자리가 좋지 않고 몸도 자주 아프다는 것이다. 어떻게 하면 자식들이 좋은 기운을 받게 할 수 있는지 알려달라고 했다. 본인이야 어떻든 나이가 들어 상관없지만 자식들이라도 잘 되게 해 주었으면 좋겠다는 것이다.

사실 망자를 납골당에 모셨다고 끝이 아니다. 일반적인 생각으로는 묘지가 흉지라면 명당 혈六을 찾아 이장을 하든지, 아니면 명당 혈을 끌어 들이는 명당 처방을 하여 후손에게 좋은 생기 에너지 기운을 내려 받게 해 주는 방법은 있지만 납골당의 명당 처방은 흔하지 않는 일이기 때문이다.

그분을 만나 따님과 함께 남편을 모신 납골당에 갔다. 다행히도 그 납골당은 명당에 자리 잡고 있었다. 명당 혈이 존재하여 외기外氣가 쑥쑥 들어가고 있었다. 명당 혈이 납골당 내부에 존재함을 파악한 후 명당 혈을 정확히 찾아서 납골함을 명당 혈 중심에 모셔드렸다.

① 잘못 알고 있는 납골당의 로열층

그동안 사람들이 분류한 납골당 로열층은 비싸기만 하지 좋은 기운이 거기까지 미치지는 않는다. 납골당의 경우 보통 사람의 눈높이에 있는 5층, 6층이 로열층이라고 하여 가장 비싸고 대부분이 꽉 차 있다. 7층은 눈높이보다 높으며 손을 위로 올려야 하는 위치로 그분의 남편도 그 곳에 모셔져 있었다. 그분 따님의 기운을 측정해 보았더니 전혀 기운이 없고 좋지 않은 에너지만 측정되었다.

　그분과 따님은 다소 실망한 상태에서 납골당 직원에게 지하층이 있느냐고 물어 보니까 지하층은 없고 빈자리는 바로 땅에 접한 1층에 있다고 했다.

② 납골당의 좋은 기운을 받는 곳은 1층

　그분의 남편 납골함을 맨 밑에 있는 1층에 모셔보았다. 참고로 납골당 1층은 값도 가장 싼 곳이며 대부분 비어 있다. 1층에 모신 후 따님을 측정해 보니 좋은 에너지가 크지는 않지만 미세하게 감지되었다.

　납골당에도 명당자리는 있다. 납골함도 땅에 묻어 드리는 것이 최상이다. 모름지기 사람은 죽으면 땅으로 들어가야만 한다. 화장을 하더라도 반드시 명당 혈에 모셔서 후손에게 좋은 기운을 내려 받게 해 주어야 한다.

　가족 납골묘도 내부를 살펴보면 여러 층으로 분리시켜서 만들고 있는데 좋은 방법이 아니다. 명당 혈 자리를 찾아서 만들었다고 해도 여러 층으로 만들어져 있으면 역시 1층만 좋은 기운이 있는 것이다. 2층 이상에서는 후손에게 발복을 주지 못한다.

　무조건 호화롭고 멋진 가족묘를 만드는 것보다 명당 혈 자리를 찾는 것이 중요하다. 전국을 다니다 보면 근사하게 만든 가족 납골묘를 보지만 상당수가 흉지에 있는 경우가 많다. 가족 납골묘를 만들더라도 쓸데없이 돈을 많이 들여서 만들지 말고 명당 혈을 찾아서 땅속에 납골함을 묻어 드리는 것이 최상이다. 그러면 돈도 많이 안 들고 후손들은 조상의 좋은 기운을 받아 잘 풀릴 것이다.

자주 아프고 잘 안 풀린다면 조상 묘 이장을 고려하라

풍수는 미신일까, 현실일까?

여전히 일부에선 미신이라고 일축하지만 풍수는 엄연한 현실이다. 땅에도 좋은 땅이 있고 나쁜 땅이 있는 것이다. 좋은 땅에서 사는 모든 동물이나 식물들은 건강하게 잘 자란다. 반면 좋지 않은 땅에서 사는 동물들은 잦은 병치레와 함께 잘 자라지 못하고, 식물들도 가지가 약하고 꽃이나 열매가 부실해서 비교가 된다.

이렇듯 좋은 땅에서는 좋은 기운을 받고 나쁜 땅에서는 나쁜 기운을 받는다. 그래서 생기감응을 받는 것을 알 수 있다. 조상의 묘가 명당자리에 있으면 그 자손은 명당자손이 된다.

전라도 장성에 사시는 분의 상담을 받았다. 조상님들이 들어갈 가족묘를 봐달라는 의뢰였다. 내용은 간단한데 사연은 복잡했다. 그동안 여러 곳에 계신 조상님들, 즉 이산 저산 분산된 조상님의 벌초와 성묘가 힘들었다. 그리고 유실된 묘도 있었고, 자손들 중에는 사는 게 너무 힘들고 몸도 많이 아파서 극단적인 선택을 한 경우도 있었다.

6대조 할아버지 내외분, 고조 할아버지 내외분, 증조 할아버지

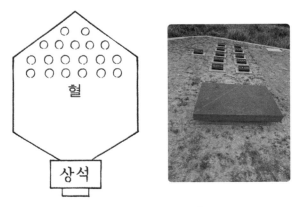

[육각형 모양의 명당 혈 자리]

와 할머니 두 분, 할아버지 내외분, 아버지 한 분, 그리고 살아계시는 어머니 자리까지 상담을 하러 현지에 갔다. 묘지 조성을 위해서 200여 평의 땅을 샀는데 그 땅을 사기 전에 좋은 꿈을 꿨다고 했다. 그래서 그런지 꽤 넓은 육각형 모양의 명당 혈 자리를 찾았다. 조상님을 모두 모시고도 남는 넉넉한 혈 자리였다.

　이장을 하는 전날부터 새벽까지 비가 많이 내렸는데 다행히 아침에 비가 그쳐 여기저기 흐트러진 조상님 묘를 파묘하고 한 곳으로 이장 작업을 하였다. 예상대로 역시 유골이 시커먼 묘와 자갈이 많은 묘도 있었으며 나무뿌리가 감싼 묘도 있었다. 이장을 하고 그날 밤 둘째 딸이 큰 잔치를 하는데 모든 조상님들이 환하게 웃으시고 자신도 덩실덩실 춤을 추고 노래를 부르며 즐겼다는 꿈 이야기를 해 주었다. 그 후부터 지금까지 의뢰인은 마음이 점점 편해지면서 소원했던 자손들 간에도 왕래하며 사이좋게 잘 지낸다고 한다.

수맥이 흐르는 묘지는 반드시 이장하라

유명한 수맥의 대가이자 풍수가였던 고 임응승 신부님은 이장을 어떻게 보셨을까?

임신부님도 이장을 간단한 문제로 보지 않았다. 우선 가족 모두의 합의가 이뤄져야 하는 일로 이장 후 어떤 일들이 일어날지 몰라 선뜻 결정하지 못한다고 보았다. 임신부님도 특별히 나쁜 일이나 어쩔 수 없는 경우 외에는 가능한 이장을 좋게 여기지 않았다. 그래서 의뢰인 측에서 이장을 원해도 단정적으로 결론내지는 않았다. 우선 이장 의뢰가 들어오면 신부님은 가장 먼저 산소부터 답사했다.

특히 임신부님은 수맥의 최고 권위자였던 만큼 수맥을 진단하며 이장 여부를 결정하였다. 수맥이 시신에 좋지 않은 영향을 주고 그 영혼이 평안하지 못하다면 이로 인해 그 후손들에게까지 나쁜 기운을 미친다고 보았기 때문이었다. 물론 천주교 신부님이었으니 당시 신부님을 지탄하고 불신하는 이들도 많았다. 그러나 묘를 파지도 않고 수많은 묏자리에 대한 정확한 진단과 그에 대한 처방에 따라 불치병을 낫게 하는 등 임신부님의 처방이 놀라운 결과들로 이어졌다. 임신부님은 다음과 같은 무덤의 경우에는 반드시 이장을 해야 한다고 보았다.

- 물이 꽉 차 있는 무덤
- 물은 차 있지 않으나 간혹 물이 들락날락한 흔적이 뚜렷한

무덤

- 나무뿌리로 뒤엉켜 있는 무덤
- 수십 마리의 뱀떼로 우글대는 무덤
- 진딧물 같은 벌레가 잔뜩 들어 찬 무덤
- 시신이 반은 썩고 반은 그대로 있는 무덤

이장을 하고, 또 화장하고 산골하는 행위는 신중을 기해야 할 일
이다. 그러나 위의 예시처럼 여러분의 조상 묘가 잘못되어 집안에
좋지 않은 일들이 계속된다면 어떻게 해야 할까? 여러분의 삶과 조
상 묘 사이에 아무런 인과관계가 없을까? 미신이라고만 치부하지
말고 곰곰이 생각해 보아야 할 일이다.

수맥이 없으면 명당일까?

수맥이 없다고 무조건 다 명당은 아니다. 다만 무해지無害地일 뿐
이다.

어느 날 본인 스스로 수맥을 잘 본다는 의뢰인이 찾아왔다. 이
분은 부친 묘지도 수맥이 없는 곳을 직접 골라서 자기가 썼다고 했
다. 그러면서 수맥이 없으면 명당이라고 쓴 풍수지리 책도 보았다
고 한다. 하지만 그렇게 자신이 직접 수맥이 없는 묫자리를 찾아
부친을 모셨지만 그 후에도 하는 일이 꼬이기만 하고 별로 좋은 일

도 없다며 왜 그런지 문의를 해 왔다.

의뢰인에게 부친 산소를 종이에 그려 보라고 한 후 수맥 체크를 해 보았더니 수맥 기운이 없는 것으로 감지되었다. 부친 산소는 수맥을 피하여 쓴 것은 맞으나, 조부모 산소는 수맥이 감지되었다. 의뢰인도 조부모 산소에 수맥이 흐름을 알고 있었으나 수맥 처방을 할 줄 몰라 그대로 두었다고 한다.

그동안 의뢰인이 잘 안 풀리는 건 부친 산소가 아니라 조부모 산소가 흉지이기 때문이라고 설명을 한 후 선산에 가 보았다. 선산은 정자출맥丁字出脈(주산에서 정丁자 형으로 산줄기가 뻗어 내려온 형상)으로 멋지게 뻗어내려 왔다.

농담 삼아 '수맥이 없으면 명당이니까 명당 처방은 하지 말고 수맥 처방만 할까요?' 하고 물으니 명당 처방까지 해 달라고 한다.

수맥이 없다고 전부 명당은 아니다. 다만 무해지일 뿐이다. 조상으로부터 큰 기운을 받기는 어렵다. 그냥 해害가 없는 땅이기에 성실하게 노력하면 그 대가 정도는 거둘 수 있을 것이다. 그러나 조상들의 좋은 기운을 받아 발복發福하는, 진짜 명당의 조건인 명당 혈과는 상관없는 땅이다.

안 좋은 묏자리 좋게 만드는 방법

우리가 살고 있는 집터(양택)도 중요하지만 묏자리(음택)도 매우 중요하다. 잘 쓴 묏자리로 인해 후손들이 발복을 받고 건강하고 풍요로운 삶을 살 수 있기 때문이다. 무엇보다 명당 묏자리는 용맥(산줄기)의 혈 자리를 찾고 주위 형세를 보고 찾아 쓰면 된다. 그러나 이런 명당 묏자리는 그동안의 경험으로 보면 전체 묏자리 중 5퍼센트에도 못 미친다고 여긴다. 나머지 95퍼센트에 해당하는 대부분의 묏자리는 그저 평범하거나 때론 흉지에 있는 경우도 있다.

특히 묏자리로 쓰고자 하는 곳의 땅에 좋은 기운이 없거나 큰 수맥이나 지전류가 지나가는 곳이면 묏자리로 좋지 않다. 또한 성토된 땅, 큰 돌이 나오는 땅, 자갈이나 잡석이 나오는 땅도 좋지 않다.

이외에도 무덤에 물이 꽉 차 있고, 나무뿌리로 엉켜 있거나 수십 마리 뱀이 우글대는 무덤, 진딧물 같은 벌레가 잔뜩 들어 찬 무덤. 시체가 반은 썩고 반은 그대로 있는 무덤 등은 좋지 않은 아주 흉지라고 밝힌 바 있다.

이러한 흉지는 좋은 묏자리로 이장을 하거나, 좋은 명당자리로 만들어 줘야 한다. 그것은 많은 경험이 있는 풍수가만이 할 수 있다. 단 수맥이 흐르거나 지전류가 흐른다면 굳이 이장할 필요는 없다. 수맥을 중화(차단)시키는 특수 광물질(일라이트, 세라이트, 제오라이트)로 만든 생기 도자기를 수맥이 흐르는 곳에 묻으면 된다.

평범한 땅이나 흉지의 경우엔 묘 근처에서 육각형 모양의 용혈혈 자리(명당)를 찾아 그곳에서 묏자리가 있는 곳까지 생기 도자기를 징검다리 같이 놓아 명당자리의 기운을 묏자리로 옮겨주는 방

[명당자리의 기운을 묏자리로 옮기는 방법]

법이 있다. 이를테면 근처 명당 혈 자리에서 나오는 생기를 일종의 점프를 시켜주는 원리이다. 그러면 원래 혈 자리가 있었던 그 명당 자리는 평범한 자리가 되고, 좋지 않았던 묏자리가 명당자리가 되는 것이다. 이렇게 처방하면 명당 기운을 받아 생기감응이 이뤄져 후손들이 발복을 받아 건강하고 재물도 모을 수 있다.

기독교 신자 형제의 의뢰로 부모님 묘의 수맥을 차단하다

조상님의 명당 기운을 받는다면 어느 정도일까? 약 10퍼센트 정도 될 것으로 본다. 즉 10명 중 1명 정도는 조상의 명당 기운을 내려 받고 있다고 생각한다. 이건 정확한 통계가 아니라 그동안 전국을 다니며 조상 묘와 그 후손들의 상황을 보고 겪은 결과치로 판단한 것이다.

어느 날 두 형제로부터 의뢰를 받고 상담을 하게 되었다. 형은 기독교 신자였으며 동생은 그렇지 않았다. 엄밀히 따지면 두 형제가 의뢰한 것이 아니라 동생이 의뢰를 하고 기독교 신자인 형은 마지못해 따라온 것이다. 그리고 형은 명당 처방을 완강히 반대하였다. 지금이 어떤 세상인데 명당자리 타령이냐고 했다. 더구나 의뢰인 형제의 아버지는 독실한 신자로 교회 장로로 활동하셨던 분인데 이게 말이 되냐고 하면서 적극적으로 반대하였다.

형은 제대로 상담을 시작하기도 전에 그냥 돌아가겠다고 하였다. 그러나 동생은 간절히 원했다. 곰곰이 생각하다가 의뢰인의 형에게 자세하게 설명해 주고 후손이 명당 기운을 내려 받는 것을 실증적으로 바로 보여주겠다고 했다. 그래도 반대하면 명당 처방을 거두어 가라고 하였다.

결국 의뢰인의 형을 어렵게 설득하여 명당 처방을 한 후 형제에게 조상의 명당 기운을 내려 받았음을 설명했다. 이어 현장에서 수맥을 찾아서 수맥이 흐르는 곳에 서 있게 한 후 수맥을 차단시켰는지를 확인시켜 드렸다. 조상 묘의 수맥을 차단시킨 후 의뢰인의 형제는 명당 자손이 되어 귀하신 몸으로 변한 것이다.

마침 기독교 신자인 형이 L로드를 조금 잡을 줄 아는 분이었다. 수맥도 대략 볼 줄 알았다. 형에게 수맥이 흐르는 곳을 찾아보라고 했다. 의뢰인의 형은 L로드를 잡고 수맥이 흐르는 수맥 지대를 찾아냈고 확인한 결과 수맥 지대였다. 그때 주위에 구경 온 분들 중 기운 체크를 하여 일체 조상의 명당 기운을 내려 받지 않은 분을 찾아서 그분을 수맥이 흐르는 땅에 서 있게 했다. 그리고 수맥을 체크해 보니 L로드가 오그라들면서 수맥이 감지되었다.

이어 동생에게 수맥이 흐르는 땅에 서 있게 한 후 의뢰인의 형에게 다시 수맥을 체크해 보라고 하였다. 그러나 수맥이 감지되지 않았다. 앞에서 처방한 조상의 명당 기 에너지가 후손에게 내려옴이 사실로 밝혀지는 신비로운 순간이었다.

죽은 조상이라고 해서 소홀히 함은 잘못된 것이 아닌가?

가끔 아는 분들의 기운을 체크해 본다. 그 결과 좋은 기운이 감지되는 분들은 조상 묘지가 명당인 것을 알 수 있다. 묘지는 100기 중 5기 정도가 명당으로 확인되지만 조상들로부터 명당 기운을 받는 사람은 조금 더 많다. 조상 묘는 하나라도 생기감응을 받는 후손은 여러 명이 받을 수 있기 때문이다.

기운이 좋은 사람들은 반드시 조상의 명당 기운을 내려 받은 사람들이며, 이 분들은 기운을 내려 받은 날로부터 얼마나 오랜 기간이 되었느냐에 따라 건강과 재물운 정도에도 차이가 난다. 기운을 내려 받은 지 오래된 사람은 표정이 밝고 건강하다. 사람은 항상 수맥과 지전류 지대를 끊임없이 다니면서 머물거나 살아가고 있다. 물론 수맥 지대나 지전류가 흐르는 곳에 있다고 해서 금방 인간에게 해를 입히는 것은 아니지만 오랜 시간 접하면 악영향이 나타날 수 있다. 사람뿐만 아니라 가축이나 생물도 발육이 잘 안되며 병약해진다. 그러나 조상의 명당 기운을 내려 받은 후에는 수맥, 지전류의 해로움을 받지 않는다. 명당 기운을 받으면 건강한 사람으로 변하게 되기 때문이다.

옛날부터 명당자리하면서 명당을 찾는 이유가 있다. 목사, 신부, 스님, 무속인 등 어떠한 계층이나 종교에 상관없이 조상의 묘를 명당에 모신 사람들이 많다. 특히 재산이 많거나 권력층에 있는 이들은 거의 대부분이 조상 묘를 명당에 모시는 편이다. 조상들의 묏자리가 후손들의 건강과 재물에 영향을 미친다고 생각하기 때문이다.

자금난으로 고생하던 건설업자 K사장을 위한 처방

큰 사업이든 작은 사업이든 한 번 꼬이기 시작하면 한없이 꼬일 수 있다. 잘 되던 사업이 계속 잘 되면 좋으련만 어느 순간부터 안 되는 경우도 있고 세상살이 천태만상千態萬象이다. 심한 경우에는 상담 중에 죽고 싶다는 분들도 많았다.

그런 예로 충청도 모처에 사는 분인데, 건설업을 제법 크게 하는

K사장이 있었다. 수년째 일들이 꼬이고 자금난에 허덕이다가 저자의 블로그를 보고 상담을 해 왔다.

건설업을 하다 보면 토지도 사야 하고 그 토지에 맞게 콘셉트를 잡아 개발을 해서 분양이 잘 되어야 사업이 성공하는 것이다. 그런데 충북에 개인 소유의 땅도 많고 여기저기에 회사 땅도 많이 있지만 도대체 땅이 팔리질 않는다는 것이다. 땅이 팔려야 자금난도 풀리고 힘든 문제들도 해결하는데 난감한 상황이었다.

이와 유사한 경우가 많다. 조상으로부터 물려받은 땅도 있지만, 사업에 필요해서 많은 땅을 사기도 하고 팔기도 한다. 그러나 평생 운이 따르고 실패 없이 모든 일들이 잘 풀려서 건강하고 근심걱정 없이 살 수 있다면 얼마나 좋겠는가. 하지만 K사장처럼 잘 나가던 사업도 꼬이는 경우가 다반사이다.

의뢰인의 집과 사무실에는 수맥이 많이 흐르고, 좋지 않은 사기 邪氣가 많이 감지되었다. 할아버지, 할머니, 아버지, 어머니의 묏자리도 수맥이 흐르고 좋은 묘지가 아니었다. 그 비방으로 집과 사무실, 조상 묘에 흐르는 수맥에서 나오는 수맥파를 모두 중화(차단)시키고, 조상님을 초혼장을 지내드린 후 명당자리를 찾아 모셨다.

이후 악산으로 형세가 험하고 땅이 너무 넓기에 일반인들은 쉽사리 매입할 사람이 없었던 땅을 산림청에서 매입 의사를 전달해와서 정상 가격으로 매도했다고 한다. K사장은 차츰 일들이 하나씩 풀려나가고 잘 되고 있다. 물론 정확한 근거자료를 제시하며 증명하기엔 무리가 따르지만 때로는 우리 인간들이 이루고자 하는 소망을 풀어줄 수 있는 게 바로 생기풍수이다.

혼백도 질투를 한다

어느 날 장인 장모님 묘지를 봐 달라는 상담이 있었다. 막내처남이 뇌출혈로 40대에 사망했으며, 장인어른께서는 부인이 두 분 있었는데, 현재 처남들의 친어머니는 묘지에 모셨고, 다른 한 분은 후손이 없어 화장해서 산에 뿌렸다고 한다. 그런데 큰 처남이 왠지 모르게 머리가 계속 아프다고 했다.

큰 처남은 부친과 모친 산소를 명당으로 알고 있었다. 산소에 가 보니 역시 대단히 좋은 형세의 자리에 계셨다. 그러나 진단해 보니 수맥(수맥파)이 머리 부분을 치고 지나갔다. 수맥이 지나감을 확인시키고 그곳에 수맥파 중화(차단)을 해 주고 돌아왔다. 그후 일주일 정도 지나 의뢰인은 전화로 큰일이 났다고 하였다. 큰 처남이 장인 장모님 묏자리를 처방한 날로부터 잠도 못자고 다 쓰러질 지경이라고 한다.

의뢰인과 같이 큰 처남 집으로 갔다. 큰 처남은 정말 꼴이 말이 아니었다. 일주일을 잠을 못 잤으니 끔찍할 정도였다. 왜 곧바로 연락을 하지 않았느냐고 했더니 내일이면 잠이 오겠지 하고 미루고 미루다 못했다는 것이다. 이러한 경우는 처음 겪는 일이었다.

골똘히 생각해 보았으나 영문을 알 수 없었다.

혹시나 해서 화장처리했다는 분, 즉 다른 어머니를 초혼장으로 모셨다. 그분이 오셨다. 그래서 여쭈어 봤다. '명당에 계신 분에 대해서 질투가 나십니까?'라고 물어보니까 그렇다고 한다. 그래서 그분도 초혼장으로 잘 달래드린 후 부친과 모친 곁의 명당 혈 자리를 찾아 모셔드렸다.

그 후 큰 처남은 잠도 잘 자며 별다른 문제가 없다고 한다. 이 일을 통해 혼백魂魄도 질투를 한다는 것을 알았다. 특히 무자조상無子祖上일 경우에는 더욱 심하다. 그런 분일수록 챙겨드리는 후손이 없기에 불쌍히 여기고 부모와 같은 대우를 해준다면 아무 탈이 없을 것이다.

혼백의 질투 때문에 문제가 생긴 산소를 위한 처방

의뢰인은 지방에서 사업을 하는 사람으로 사업이 꼬이고 잘 안된다며 전화로 상담을 요청해 왔다. 그래서 조부모, 부모 산소 묘의 사진을 찍어 보내 달라고 해서 살펴보니 가족묘로 횡으로 잘 정리되어 있었다. 하지만 흉지였다. 조부모, 부모 산소가 흉지임을 실증으로 보여주고 명당 처방을 해 드렸다.

처방 후 의뢰인은 사실 할머니는 친할머니가 아니라고 하면서, 산소에 모신 할머니는 아이를 출산치 못하여 할아버지가 다른 할머니를 얻어 살게 되었다고 했다. 그 할머니에게는 데리고 온 자식

홍길동 씨가 있었고 할아버지 사이에 의뢰인의 아버지와 형제를 낳았다고 했다. 그리고 그 할머니 산소는 데리고 온 자식 홍길동 씨가 모셔갔다는 것이다. 예전에도 이와 비슷한 경우가 있어서 다소 걱정을 하며 집으로 돌아왔는데 아니나 다를까, 다음 날 의뢰인에게서 전화가 왔다. 큰일 났다는 것이다.

의뢰인은 바빠서 숙부께 들르지 못하고 그냥 서울로 올라왔고, 숙부도 의뢰인인 조카가 명당 처방을 한 사실을 모르는 상태였다. 그런데 간밤에 숙부는 잠 한숨 못 이루고 꿈을 꾸며 고생을 했다고 한다. 너무 이상한 생각이 들어 날이 밝고 아침이 되자마자 조부모 산소(숙부에게는 아버지의 산소)에 가보니, 삽으로 땅을 판 자국이 보였고, 장손인 의뢰인에게 무슨 짓을 했느냐고 하면서 화를 내고 집안이 난리가 났다고 한다.

염려 했던 것이 현실로 나타난 것이다. 의뢰인을 설득해서 홍길동 씨와 만나 홍길동 씨의 어머니 산소(의뢰인의 친할머니의 산소)도 명당 처방을 해주었다. 그 후로 아무 탈 없이 편안해졌으며 사업도 무난하게 되고 있다고 했다.

수맥은 미신이 아니며 통계로 보는 과학이다

제 4 장

재운 불러오는
집 만들기(길흉화복)

위치도 좋고 장사가 잘 될 것 같은데 안 되는 가게가 있고, 안 될 것 같은데 오히려 잘 되는 가게가 있다. 무슨 이유일까? 생기풍수 면에서 크게 두 가지로 설명할 수 있다. 우선 가게 터의 문제이다. 가게 터에 따라 장사가 좌우될 수 있다. 흔히 말하는 명당이면 가장 좋겠지만 무엇보다 수맥이 흐르지 않아야 한다. 그 다음은 업주의 기운이다. 업주에게 생생하고 좋은 기운이 있어야 한다. 그런데 업주의 기운은 어디서 오는가? 바로 명당 묏자리에 계신 조상님들로부터 발복을 받아 생기는 기운이다. 때문에 장사가 잘되는 데는 조상 묏자리가 대단히 중요하다.

　위 두 가지 모두 갖추고 있다면 대박이 나겠지만, 한 가지라도 있으면 장사나 사업은 번창할 수 있다. 그러나 위 두 가지 중 한 가지도 가지고 있지 못하다면 당연히 부진할 수밖에 없다. 식당, 카페 등을 비롯한 실제 사업장을 통한 상담 사례와 해결책을 소개하고 아울러 일반 가정에서도 간단한 방법으로 재물운이 좋아질 수 있는 생활 속 풍수 요령을 정리하였으니 참고하기 바란다.

장사가 잘 되는 식당, 안 되는 식당, 매우 안 되는 식당

① 장사가 잘 되는 식당

손님이 많이 오고 잘 되는 식당을 가보면 현관문으로 좋은 생기가 쑥쑥 들어가는 것을 알 수 있다. 그래서 식당 사장님을 진단해 보면 몸에서 생기가 느껴진다. 물론 생기는 식당의 음식 맛과는 별개이다. 하지만 조상 분이 명당에 계시는 생기 있는 명당 자손이기에 명당 기운이 감도는 대박 사업장을 운영하는 것이다.

② 장사가 안 되는 식당

그냥저냥 된다는 식당에 가서 진단을 해 보면, 주위에 생기는 있는데 현관문으로 생기가 들어가지 않고 수맥이 흐른다. 그런 식당의 사장님을 진단해 보면 생기가 없다. 이는 조상 묘가 좋지 않다는 것이다. 다행히 음식 맛이 좋으면 그런대로 식당은 되겠지만 그나마 음식 맛도 좋지 않으면 잘 안 되는 식당이 될 것이다.

③ 장사가 매우 안 되는 식당

장사가 안 되는 식당 중에서도 매일 파리 날리는 식당도 있다. 이는 식당 자리에 수맥도 흐르지만 영가들이 있어 사기邪氣가 있기 때문이다. 심할 경우에는 대표 본인의 나쁜 기운에 식당의 사기, 그리고 종업원의 사기까지 모두 가지고 있는 경우라면 어떻게 해도 장사는 안 된다. 이른바 안 될 수 있는 조건은 모두 갖추어 놓은 셈이다. 즉 이런 곳을 도깨비 터라고 할 수 있다.

장사가 안 되는 추어탕집을 위한 처방

경기도 여주시에 위치한 추어탕집의 사례이다. 장사를 시작한 지 얼마 안 되어서 홍보도 부족한데다 열심히 하는 것에 비해 손님들이 예상보다 없어 고민이 많았다. 인건비와 임대료는 계속 나가는데 매출은 들쑥날쑥하고 걱정이 태산 같아 상담을 의뢰하였다.

식당을 방문하여 비방을 하려는데 원래 음식점 터가 너무 안 좋기 때문이라는 이야기를 주변에서 많이 들었다고 했다. 그동안 해결 방법을 몰라 전전긍긍하다 소개로 알게 되어 상담을 하고 처방을 요청하게 된 것이다. 수맥 검사를 했더니, 가게 입구에서 안쪽으로 수맥이 흐르고 있어서 생기 도자기로 수맥을 중화(차단)시키는 처방을 했다.

이렇게 수맥 처방을 한 지 한 달 후 식당은 손님이 점점 늘며 바빠지고 있다는 소식이 들려왔다.

수맥파나 전자파, 전기파는 나쁜 음의 기운이다. 이러한 나쁜 음의 기운을 좋은 양의 기운으로 바꾸어 주는 처방을 하면 가게 기운이 바뀌어 좋은 기운이 나오는 따뜻한 가게가 되는 것이다. 특히 처방에 사용하는 해로운 수맥파 중화 효과를 가진 생기 도자기는 특수 광물질(일라이트, 세라이트, 제오라이트)로 가전제품의 전자파까지도 막아준다고 알려져 있다.

이 생기 도자기는 수맥, 풍수, 퇴마의식 분야의 권위자인 미관 스님과 풍수지리의 권위자이신 지거 한상남 명인께서 직접 제작하는 것으로 생기 거북이와 생기 부엉이 도자기가 있다. 예로부터 거북이는 무병장수의 상징이며 재물과 복을 가져다주는 영물로 알려져 왔다. 또 부엉이 역시 부를 가져다 주고 나쁜 기운을 막아주는 영험한 새로 여겨왔다. 부엉이는 울음소리로 어둠이 끝나고 밝음이 온다고 예고하는 길조로 우리 조상들은 식복이 많은 사람을 부엉이 집 같다고 말하기도 했다. 부엉이는 새끼를 먹여 살리기 위해 토끼나 꿩 등 먹이를 많이 잡아 저장해 두는 습성을 가진 새이기 때문에 부귀의 상징으로 알려져 있다. 궁궐이나 대갓집과 같은 옛 전통 건물의 용마루 양쪽 끝머리에 얹는 장식 기와에 부엉이 모양이 많은 이유이기도 하다. 또 부엉이가 밤에 잠을 자지 않고 집 안으로 들어오는 나쁜 기운을 막아주는 역할도 해준다고 기대하기 때문이다.

물론 생기 도자기는 상징적인 동물 형상으로 만들어졌지만 무엇보다 도자기 자체에서 좋은 기운, 생기가 나온다. 이 생기 도자기는 일라이트, 세라이트, 제오라이트와 같이 좋은 기가 발생하는 특수한 광물질로 비율을 잘 맞추어 만든다. 이 생기 도자기에서 나오는 좋은 기운이 나쁜 기운(-)을 중화시키고 좋은 기운을 유지시켜 양(+)의 기운이 도는 건강한 환경으로 바꿔주는 것이다.

손님이 없던 생오징어 전문식당이 잘 되는 비결

식당의 장사가 안되는데는 여러 원인이 있을 것이다. 예를 들면 상권이 좋지 않다, 음식 맛이 없다, 같은 품목인데 옆 가게보다 비싸다, 종업원이 불친절하다, 인테리어가 형편없다는 등 다양하다. 그런데 상권도 좋고 음식 맛도 좋고 친절한데도 손님이 없다면, 그 원인을 찾기도 어렵고 해결도 어려울 것이다.

반면 음식 맛은 그저 그런데 사람들이 넘쳐나는 곳도 있다. 무슨 차이일까? 잘 되는 식당이나 가게는 그 기운이 다르다. 일단 잘 되는 가게의 공통점은 좋은 기운이 감싸고 있다. 그러나 이유 없이 장사가 안 되는 가게는 수맥이 흐르거나 나쁜 기운이 흐르고 있다.

코로나가 한창 기승이던 2021년 10월 강원도 원주에서 개업한 오징어 전문식당이 그런 경우였다. 처음 개업하고 2~3개월은 잘 되었다고 한다. 하지만 이내 점점 힘들어졌다. 그 가게가 속한 상권은 그런대로 괜찮은데 주인이 자주 바뀌고 가게 업종도 달라지는 곳이었다. 이런 곳은 대개 가게 밑으로 수맥이 흐르고 사기들이 자리 잡고 있는 곳이다. 일명 도깨비 터였다. 그 식당 대표의 말인즉 식당 손님이 들어와 앉으려고 하다가 그냥 나가는 일이 자주 벌어지고, 어쩌다 손님이 들어와 주문을 해서 음식을 먹어도 머무는 시간이 짧았다고 한다. 밝고 따뜻한 가게가 아니라 사람들이 들어오기 싫은 가게, 차가운 가게라는 점이 공통점이었다.

이 식당도 현장을 확인해 보니 바닥으로 수맥이 두어 군데 흐르고 있어 수맥파를 중화(차단)시키는 처방을 해 주었다. 이어 가게에 드나드는 사기들은 천도시켜 주었다.

이후 이 가게는 차츰 음식이 맛있다는 입소문과 함께 손님들이 늘어나고 있다고 전해왔다.

도깨비 터에서 장사하면 일어나는 일들

세상살이는 요지경속이다. 하루에도 많은 상담을 하는데 그 사연도 다양하고 각양각색이다.

얼마 전 경상도에 사는 의뢰인이 블로그를 보고 연락하게 되었다며 말문을 열었다. 처음부터 다짜고짜 사는 게 귀찮고 죽고 싶은 마음뿐이라고 했다. 현재 추진하고 있는 사업도 지지부진하여 되는 것도 아니고 안 되는 것도 아니라며 하소연하였다. 얼마 전까지 식당을 크게 했는데 장사가 매우 잘 되었다고 한다. 그러나 이상하게도 식당이 잘 되면서 갑자기 돈 쓸 일도 많아지면서 돈은 모이지 않고 오히려 갈수록 빚만 늘어났다는 것이다. 그러다 결국은 식당 문을 닫았다고 한다.

참으로 아이러니한 일이다. 장사가 잘 되면 돈도 모이고 신이 날 일인데 상담을 하다 보면 간혹 이러한 사례들을 접하게 된다. 이런 식당 터는 소위 말하는 사기들의 놀이터인 이른바 도깨비 터에 해당된다.

원래 그 식당 터는 장례식장이었다. 그런데 장례식장이 잘 안 되어 식당으로 개조한 곳이었다. 오랫동안 임대되지 않고 비어 있다가 의뢰인이 저렴하게 임대해서 식당을 연 것이다. 역시 도깨비 터였다.

특히 도깨비 터의 전형적인 증상으로 재물을 많이 들어오게 해주기도 하지만 영가들은 자기들이 돈을 벌어준 것으로 여겨 모은 재물을 쉽게 빼앗아 가는 장난을 친다. 따라서 이런 도깨비 터에서 장사를 하게 되면 매출의 굴곡이 심하다. 어느 날은 가게에 손님이 많이 들어오다 어느 때는 손님이 뚝 끊기는 현상이 반복적으로 계속 일어난다. 이러다 보면 수입이 많아도 지출이 더 많이 생겨 결국에는 큰 손해를 보고 힘들게 살아가게 된다.

이런 도깨비 터에서 오래 살면 가세는 점점 기울고 건강도 나빠지는 등 각종 우환이 생긴다. 또한 가게에서 이상한 사고들이 빈번하게 생기고, 종업원과 손님 간의 다툼이나 손님들끼리 시비도 자주 벌어지며 관재수가 많아진다.

이처럼 도깨비 터는 예전에 묘지가 있었던 곳으로 묘지 봉분이 소실되어 있는 곳에 그 사실을 모르고 그 위에 집을 지은 경우에도 생겨난다. 또한 흉지에 묘가 있었던 곳에 지어진 건물이나 주변 50m 이내 흉지에 묘가 있다면 좋지 않다. 또한 오랫동안 비워둔

건물에도 사기가 들어와 도깨비 터가 되기도 한다.

어떤 사람은 일부러 도깨비 터를 구해서 들어가기도 하는데 대부분 본인의 몸에 신기가 있는 사람이다. 즉 끼리끼리 어울린다는 유유상종이라는 말이 있듯이 몸에 사기를 싣고 있거나 기존에 머물던 사기를 두려워하지 않는 경우이다.

간혹 사기를 몸에 지니고 있는 사람이 이런 도깨비 터를 구해서 집이나 사업장으로 만들어 터를 잘 다스린다면 큰 부자가 되는 경우도 있다.

손님이 없는 카페를 위한 처방

의뢰인의 30대 중반인 딸이 운영하는 카페가 있는데 2020년 가을에 개업했을 때는 무척 잘 되었다고 한다. 그러나 수개월이 지난 이후부터 지금까지 형편없다는 것이다.

가게에 가보니 위치는 좋았다. 대규모 아파트 단지에 있었고 4차선 도로와 2차선 도로가 교차되는 코너에 있는 가게였다. 그런데 문제점은 가게에서 음의 기운이 너무 강하게 느껴졌다. 수맥이 입구에서 주방 쪽으로 흐르고 있었고, 40대 여자 사기(영가)가 구석에 자리 잡고 있어 카페를 싸늘하고 차갑게 만들고 있었다.

딸의 카페가 잘 되기를 간절히 바라는 의뢰인을 위해 생기 도자기로 수맥파를 중화(차단)시키고 사기(영가)는 초혼장으로 모시는 처방을 해 주었다. 이후 조금씩 손님이 늘어나며 자리를 잡아가고 있다고 한다.

매출이 부진한 중국집을 위한 처방

50대 중반인 의뢰인의 전화를 받고 상담을 하였다.

형제도 많고 어렵게 살면서 평생 열심히 노력했지만 돈은 모이지 않고 고생만 하고 있다는 것이다. 그동안 의뢰인은 직장생활과 사업을 번갈아 가면서 했다고 한다. 직업은 중식요리사인데 직장에 다니면서 목돈을 만들어서 가게를 내면 망하고 다시 직장에 다니기를 반복해 왔다는 것이다. 지금은 중식당을 운영하고 있는데 몇 년 전까지만 해도 그럭저럭 장사가 잘 되었다고 한다. 그러다 2년 전 지인이 지금의 남양주에 와서 장사하면 잘 될 거라고 하여 서울에서 옮겨 오게 되었는데 그후부터 너무 힘든 상황이 되었다고 한다.

입지 조건도 좋고 상권도 괜찮았다. 주변은 아파트도 밀집되어 있고 회사가 많은 오피스 빌딩들이 즐비한 거리의 상가 1층에 위치해 있었다. 가게 규모도 제법 컸는데 배달은 안하고 부부가 홀 장사만 했다.

이 중식당이 부진한 이유는 무엇일까? 의뢰인은 요리 경력만 30년 이상으로 음식 맛에 자신감도 가지고 있었다. 그러나 이 가게에도 수맥이 흐르고 사기가 있었다. 그래서 의뢰인에게 조상(부모)

묘를 물어 봤더니 부모님은 오래 전에 돌아가셔서 고향 땅에 묻어 드렸는데 작년 봄에 파묘를 해서 화장하고 근처에 뿌려 드렸다는 것이다. 큰일 날 일을 한 것이다.

가게로 흐르는 수맥은 L로드로 위치를 파악하고 그 자리에 생기 도자기를 놓아 수맥파를 중화(차단)시켜 주었다. 그리고 사기(영가)는 퇴마를 해서 초혼장을 지낸 다음 별도로 좋은 곳에 묻어 드렸다. 아울러 화장해서 뿌린 부모님도 혼을 모시는 초혼장을 해서 좋은 곳(명당자리)에 모셔드렸다. 그리고 나서 조금씩 손님들이 많아지고 있다고 알려왔다.

확장한 후 망한 한식당을 되살리기 위한 처방

의뢰인은 약 30여 평 규모로 시작해 한식당만 30여 년간 해온 분이었다. 이중 15년은 줄을 서서 먹을 정도로 일대에서 맛집으로 알려졌다고 한다. 그러나 유명했던 이 한식당도 15년 전부터 기울기 시작하였다. 장사가 잘되자 옆집에 있던 쌀가게까지 매입하여 식당을 크게 확장하고부터 내리막길이 시작되었다는 것이다.

조금 더 정확하게 상담을 하기 위해서 식당의 안팎 사진을 보내 달라고 하여 식당 입구, 내부, 확장한 곳 등을 살펴보았다. 가게 내부에는 수맥이 흐르고, 좋지 않은 사기(영가) 기운이 있었다. 특히 확장한 땅에 동티(동토動土, 지신地神을 화나게 하여 재앙 받는 일)가 나서 지금까지 힘들고 어렵게 이어온 것으로 보였다.

이에 수맥 탐사를 해서 수맥파를 중화(차단)시켰고 의뢰인에게 붙어있는 영가를 퇴마해서 초혼장으로 잘 모셔드렸다. 그 다음엔 동티가 난 곳에 고사를 지내 토지신을 잘 달래 주었다. 현재는 손님들이 꾸준히 늘어 나면서 바쁘게 잘 살고 있다고 전해왔다.

매출이 들쑥날쑥하는 중식당을 위한 해결 방법

살다 보면 가슴에 사연 하나 없는 사람 없다는 말이 있다. 고생 고생하다 살만하면 아프거나 죽는 사람도 있고, 돈은 많은데 자식이 속 썩이는 사람도 있다. 또 누구는 사업만 하면 대박나는데 사업만 하면 망하는 사람도 있다.

고민하다 전화를 했다는 의뢰인은 중국집을 남편과 같이 10년 동안 운영하고 있었다. 남편과의 사이에 세 명의 딸을 두고 사는데 고민이 있어 전화를 했다고 한다. 중국집을 한 자리에서 10년 이상을 하다 보니 음식도 맛있다고 소문나서 단골도 많았다. 그런데 어느 날은 잘 되고 어떤 날은 형편없고, 매출이 무슨 널뛰기 하듯 들쑥날쑥하다는 것이다.

가게가 오랫동안 이러다 보니 남편은 지쳐서 무기력한 상태이고 의뢰인도 밤에 매일 꿈을 꾸면서 잠을 설치다 보니 너무 피곤하고 힘이 든다고 했다. 또 큰딸은 약 7년 전부터 밤에 잠을 못자고 악몽을 꾸면서 누군가 집안을 돌아다니는 소리도 들리고 누군가 보인다고도 했다. 때로는 새벽에도 가게에 마치 손님들이 있는 것처럼 시끄러운 소리가 들리며 잠을 못 이루니 늘 지치고 힘이 없다는 것이다.

심상치 않은 상황이라 집안의 내력을 들어보았다. 원래 시어머니는 신당을 모시고 사시다가 정리를 하고 돌아가셨고, 지금은 시이모님께서 부처님을 모시고 계신다고 한다.

이후 가게를 가서 보니 출입구로 들어가면 바로 카운터가 있고 홀과 방이 있었으며, 주방을 통해 살림집으로 연결되는 구조로 되어 있었다. 우선 수맥 탐사를 해보니 출입구, 카운터, 홀, 주방, 화장실, 집 현관, 안방, 거실, 작은 방 등 집안 전체에 걸쳐 수맥이 자리를 잡고 있었다. 거기다 큰딸에게는 안 좋은 기운 즉, 7년 전부터 40대 남자 사기(영가)가 몸에 들어와 귀찮게 하고, 중국집에는 객귀 둘이 자리 잡고 영업 방해를 하고 있었다.

그래서 가장 먼저 수맥을 잡은 후, 중국집으로 들어가는 출입구와 집 현관에 생기(좋은 기운)가 가득 들어가게 조치를 해 주었다. 이어 큰딸에게 붙어 있는 사기(영가)를 천도시켜 주었고, 중국집에 머물고 있는 객귀客鬼(떠돌이 귀신)도 초혼장으로 모신 다음 조상님들도 천도를 해 드리는 것으로 마무리 했다. 그 이후에는 큰딸도 환청과 환각 증세가 없어지고 잠도 잘 자고 악몽도 꾸지 않는다고 한다. 차츰 중국집도 손님들이 꾸준히 늘어 지금은 배달도 많고 바

빠져서 힘들지만, 그래도 재미있게 일할 수 있어 행복하다고 전해왔다.

생기 잃은 아파트에 좋은 기운 불러오기

아파트 1층에 살고 있는데 몸도 불편하고 꿈자리도 편하지 않다며 혹시 수맥이 있나 봐 달라는 상담 전화를 받았다. 바빠서 일단 사진을 찍어 보내라고 했다. 의뢰인이 보내준 사진을 보니 비혈지로 수맥이 집안에 전반적으로 흐르고 있었다.

우선 좋은 기운이 집안에 들어오도록 출입구 쪽에 조치를 했고 수맥을 측정해서 중화(차단)시켰다. 그 다음 다시 체크해 보니 유독 의뢰인의 집만 혈의 기운이 들어 왔다가 어떤 때는 없어져 비혈지로 측정되는 것이었다. 즉 좋은 기운이 들락거리고 있었다. 혹시 주변에 어떠한 변화가 있었느냐고 물어보니 얼마 전에 위층에 별 두 개(육군 소장)되시는 분이 이사를 왔다고 했다.

아차 싶었다. 장군은 아무나 되는 것이 아니다. 지금까지 살펴본 바로는 시장, 군수, 도지사, 국회의원, 장차관 등 높은 지위에 있는 사람들은 그냥 되는 것이 아니었다. 조상 묘 아니면 생가나 현재 살고 있는 집 등 어느 것이든지 명당에 자리 잡고 있기 때문에 높은 지위에 올라간 것이다. 별 두 개를 달고 있는 장군은 어떠하겠는가?

의뢰인의 좋은 기운이 위층으로 빼앗기는 형국이었다. 그래서 출입문 양쪽에 각별한 처방을 더했더니 좋은 생기를 빼앗기지 않고 즉, 혈穴의 기운氣運이 의뢰인의 집으로 쑥쑥 잘 들어갔다.

비혈지의 집에 수맥(수맥파)을 잡고 양택陽宅 명당 처방을 성공적으로 한 경우이다.

돈을 벌어다 주는 매장 인테리어용 그림

풍수지리를 미신으로 치부해 버리는 사람이 있는가 하면 생활 속에서 잘 활용하는 하는 사람들도 있다. 조금만 알면 생기 가득한 밝고 활기찬 매장으로 꾸밀 수 있는 생기풍수 인테리어를 권한다.

업종에 따라 다르겠지만, 전체적으로 밝아야 좋은 기운이 돈다. 분위기를 중요시 하는 매장은 주요 포인트를 잘 살리고 제품을 돋보이게 하는 작은 조명도 잘 활용하면 좋다.

본인의 타고난 사주 운에다 생기를 불어 넣어주는 인테리어 소품도 좋다. 꽃 그림은 실내 어디에 걸어 놓아도 밝고 기분도 좋아진다. 재물을 불러온다는 황금색 해바라기 그림이 좋다. 해바라기 속의 씨는 많은 재물을 연상케 하므로 동북쪽이나 북동쪽에 걸어둔다.

이외에도 황금 돈나무는 돈을 불러오고, 목단나무는 행운의 꽃으로 여겨지기 때문에 실내에 그림으로 장식하면 좋다. 사과 그림은 좋은 결실과 사업운, 재물운이 좋아지며 행운이 들어온다고 하여 주방이나 거실, 매장 입구에 걸어 놓으면 좋다. 만약에 시험 합격을 원한다면 목련꽃 그림, 매장의 매출 상승을 원한다면 감이 주렁주렁 달린 그림을, 장수를 기원한다면 향나무 그림이 좋다. 아이를 소원한다면 다산을 의미하는 석류 그림을 걸어 두도록 한다.

돈이 들어온다는 동물 그림도 있다. 장수를 상징하는 거북이, 재물을 상징하고 길조를 상징하는 부엉이, 나쁜 기운을 내쫓고 성공을 기원한다는 호랑이, 급류를 뛰어올라 하늘로 올라가 용이 되었다는 잉어 그림도 실내 장식소품으로 좋다.

매장에서 카운터의 위치는 어디가 제일 좋을까?

생기풍수에서 풍수는 지기地氣를 보고 지세地勢를 잘 살펴야 한다. 생기풍수를 적용하여 가게 매출을 상승시킬 수 있는 카운터의 위치를 찾아보자.

최고로 좋은 카운터 위치는 매장의 전체 흐름을 살필 수 있으면서도 그 재물을 가두는 방향에 위치해야 한다. 가장 좋은 카운터의 위치는 매장의 정 중앙에서 약간 왼쪽에 있으면 좋다. 즉, 카운터는 좌우를 중심선에 최대한 가까이 두는 것이 좋으며 카운터의 앞쪽은 출입문을 바라보게 한다.

되는 일이 없다면 이사도 좋은 방법이다

이사를 한다는 것만큼 번거롭고 힘든 일도 없다. 그러나 현재 살고 있는 집에서 가족들이 자꾸만 병이 나고 이런저런 일로 재산만 축나고 되는 일이 하나도 없다면 문제이다. 이런 집은 대개 집 주인이 자주 바뀌게 되는데 집터가 나쁘기 때문이다. 절이 싫으면 중이 절을 떠나야 하듯이 그런 집은 떠나야 한다. 힘들지만 용단勇斷을 내려 다른 곳, 다른 집으로 이사를 하는 것이 좋다.

그러나 더 나은 삶을 위해 온 가족의 생활공간을 옮겨서 삶에 큰 변화를 꾀하는 만큼 이사를 할 때는 신중해야 한다. 특히 새 집을 짓고 이사를 할 때도 생기풍수 면에서 고려할 것들이 몇 가지 있다.

① 좋은 집, 좋은 집터 고르는 요령

전형적인 풍수로 보면 좋은 집터란 주산을 기점으로 바라볼 때 앞산의 유무와 좌청룡左靑龍(왼쪽 산, 동쪽), 우백호右白虎(오른쪽 산, 서쪽)가 잘 배치되어 있는가를 살펴보는 것이다. 거기다 배산임수背山臨水형으로 집터 뒤로는 산이, 집터 앞으로는 젖줄처럼 흘러가는 냇가를 끼고 있다면 좋은 집터로 평가할 수 있다. 그러나 산 대신 높은 건물들 사이 도심에서 살아가는 오늘날에는 이런 전통적인 풍수로만 집터를 판단하기는 어려워졌다. 대신 집터 자체를 가지고 살펴보는 것이 현실적이다.

우선 기본적으로 집터는 밝아야 하며 집에 들어섰을 때 기분이 좋아지고 마음이 안정되면 좋다. 그렇지만 막다른 골목에 위치해 있거나 큰 건물에 막혀 있고 온통 주위가 산만하면 좋은 터가 아니다. 또한 하루 종일 해가 들지 않아 컴컴하거나 수맥이 흐르며 습기가 많은 터도 피해야 한다. 특히 수맥이 흐르는 집터는 대단히 나쁜 집터이다. 집터 주위 도로가 주저앉아 있거나 담 벽이 금이 가고 갈라져 있다면 수맥을 의심할 수 있다.

그리고 집터가 원래 집짓기 전에 어떤 땅이었는지 집터의 유래를 파악하는 것도 바람직하다. 예컨대 낮은 땅이었는데 다른 곳에서 흙을 가져와 높여서 성토한 것인지, 반대로 높거나 경사가 있는 땅이었는데 절개한 땅인지도 중요하다. 성토한 터보다는 원래 제흙, 제 땅으로 된 생땅이 좋다.

거기다 좋은 집은 좋은 주변 경관을 가지고 있고 또 그 주변 경관에 잘 어울려야 한다. 반면 허허벌판에 나 홀로 있는 집, 높은 지형에 불쑥 솟아오른 집에 살면 자연재해로부터 피해를 받기 쉽고 집안에 여러 우환이 생기는 등 풍수적으로도 좋지 않다.

집 자체를 보아도 집이 무섭게 느껴진다거나 불안감을 주지 않아야 한다. 집에 들어가면 밝고 편안한 느낌을 주는 집이 좋다. 어둡고 음산한 분위기에 차갑거나 두렵고 불편한 느낌이 든다면 피해야 한다. 실내 구조도 중요하다. 우선 대문(현관)이 제대로 나 있는지를 살펴보아야 한다. 대문(현관)을 들어서면서 안방이나 부엌이 정면으로 고스란히 보이는 집은 좋지 않다. 화장실의 위치도 동쪽이나 남쪽에 있다면 좋지 않으니 유의할 필요가 있다.

집을 둘러싸고 있는 도로 상태도 길운吉運을 좌우한다. 주택의 전면과 평행으로 나 있는 도로가 길하고 좋은 도로이다. 집 전면과 접하고 있는 도로는 구불구불한 것보다 반듯한 것이 풍수적으로 더 좋다.

② 집을 보러 갈 때의 시간도 오전이 좋다

이사 가려는 집을 찾아가 구경할 때는 가능한 오전에 방문하는 것이 좋다. 오후에는 대기 중에 여러 가지 복잡한 기운이 흘러 이사 갈 집의 생기가 흐르는지 올바르게 가늠하기가 어렵기 때문이다. 저녁이나 밤에 가는 것은 더욱 좋지 않다. 특히 좋은 집은 동쪽이나 동남쪽으로 창문이 있어 아침 햇살의 활기찬 기운이 집안으로 들어와야 하는데, 늦은 오후나 저녁시간에는 햇빛이 제대로 들어오는지 확인할 수가 없어 피해야 한다.

만약에 오후에 방문했을 때 집이 밝고 환한 느낌을 주었다면 서향집이거나 서쪽에 큰 창문이 있어서인데, 서향집은 일몰의 음습한 태양 빛이 강하게 들어오기 때문에 좋지 않다. 이는 집안에 음의 기운이 높아져 음양의 조화가 깨짐으로써 탁한 기운이 감돌아 흉한 주택이라 볼 수 있다.

③ 이사 가는 날은 손 없는 날로 정한다

일반적으로 손 없는 날은 많이 알고 있을 것이다. 이사할 때나 집수리할 때, 여행갈 때나 조상님 산소 손볼 때도 손 없는 날로 택일을 하고 손 없는 방향을 잡는다. 손 없는 날이란 즉 음력 9일, 10일, 19일, 20일, 30일로 이 중에 이사를 하거나 집수리를 하면 좋다. 어떤 이는 미신으로 치부하지만, 손 없는 날에는 천지만물天地萬物에 흐르는 기운이 가장 부드러울 때로 슬기로운 우리 조상님들의 오랜 경험에서 얻은 통계적 상식에 해당한다. 또한 동서남북의 4방위를 관장하는 흉신凶神의 기운이 강할 때를 삼살방, 대장군방이라 하는데, 이때는 흉신이 사람들의 활동이나 이동을 방해하므로 피한다.

행운을 불러오는 꽃, 나무

생기풍수의 기본은 좋은 환경에서 좋은 기운을 돌게 하고, 나쁜 기운이 머물지 못하도록 하는 데에 있다. 늘 청결하고 깨끗한 환경을 만들어 밝고 화사한 분위기로 만들어야 좋은 기운을 받아 가족이 건강하고 복이 들어온다고 하는 건 풍수의 원리이기도 하다. 집안을 생기 있고 건강하게 만들어 주는 식물들을 정리해 보았다.

① 엄나무
봄에 나는 새순인 두릅나무로도 널리 알려진 엄나무는 건강에 이로운 여러 성분을 가지고 있다. 엄나무의 무시무시한 가시 때문에 우리나라에선 오래 전부터 잡귀나 악한 원혼이 집으로 들어오지 못하도록 막아주는 역할을 한다고 믿어왔다. 주로 대문 옆에 심었다.

② 향나무

바늘처럼 뾰족한 잎 모양으로 귀신을 막아준다고 하여 종갓집 대문 앞이나 무덤 앞에 많이 심어진 나무이다.

③ 명월초

삼붕냐와라고도 하는 국화과 넝쿨식물로 주로 인도네시아가 원산지이며 열대지방에서 잘 자란다. 고혈압, 당뇨에도 효능이 있다고 알려져 있다. 중국에서는 당뇨초, 일본에서는 구명초라고 부른다. 이 명월초는 좋은 생기가 나와서 수맥도 잡아 주는 식물이다.

④ 파키라

남아프리카가 원산지로 외국에서는 머니트리Money tree라고 불리우고, 잎과 꽃은 채소처럼 식용하고, 열매는 땅콩 맛이 난다. 머니트리라는 이름처럼 키우면 재물을 불러온다는 식물이다. 이국적인 모양과 재물운이 좋아진다고 하여 개업식 등 선물용으로도 인기가 많다.

⑤ 천냥금(자금우)

키우면 산소도 많이 나오고 재물이 들어온다고 알려져 있다. 특히 가을이 되면 열매가 맺기 시작해 겨울엔 빨간 열매가 달려서 춤고 건조한 한겨울 집안 분위기를 신선하게 바꾸기에 적당하다.

⑥ 행운목

행운목은 이름처럼 행운과 번영을 상징하는 식물이다. 공기를 정화하는 기능이 있으며 키우기도 편해서 수경재배로 실내에서 많이 키우는 식물이다. 그래서 선물로도 인기가 많다.

⑦ 몬스테라

멕시코가 원산지로 잎이 크며 행운을 상징한다. 실내에서도 잘 자라는 이 식물은 특유의 갈라진 커다란 녹색 잎으로 신선한 분위기를 만들어 인기가 좋다. 단 몬스테라의 수액에는 독성이 있어 반려동물이나 어린아이들이 먹지 않도록 주의가 필요하다.

⑧ 알로에

아프리카가 원산지이고 면역력 증강, 위 기능 향상, 혈액순환 개선, 피부 미용 등 여러 효능을 가진 식물로 널리 알려져 있다. 건강을 상징하는 알로에는 싱싱하면 행운이 들어오고, 시들면 나쁜 기운을 흡수한다고 하는 이야기도 있다.

⑨ 금전수

잎이 동전처럼 생겨서 일명 돈나무라고 부르는 나무이다. 이 나무의 꽃말 역시 '부귀, 번영, 재물'이다. 특히 이 돈나무에 꽃이 피면 재물이 들어온다고 하여 많이 키우고 있으며, 선물로도 인기가 많다. 단 추위에 약하므로 겨울엔 각별한 관리가 필요하다.

⑩ 황금사철나무

행운과 함께 재물이 들어 온다는 황금사철나무는 햇빛을 받으면 받은 만큼 황금색 꽃처럼 아름답게 빛나는 게 특징이다.

좋은 기운을 받을 수 있는 장소

세상을 살아가는 데는 재물운, 명예운과 같이 좋은 기운이 필요하다. 물론 좋은 집안에서 좋은 운을 가지고 태어난 사람도 있겠으나 재물운, 명예운 등 세상의 좋은 운 모두를 가진 사람은 극히 드물다. 좋은 기氣가 많이 모여 있는 전국의 특별한 장소를 소개하니 나에게 부족한 운을 찾아 생기 여행을 떠나보자.

1) 시험 합격, 승진, 성공 등 명예운이 좋아지는 곳

● 강원도 태백산

설악산, 오대산, 함백산과 함께 태백산맥의 영산靈山 중 하나이다. 사업을 시작하거나 확장할 때, 승진을 원할 때 단군 성지로 여겨지는 태백산 천제단을 찾아 소원을 빌면 좋다. 높이 1,567m로

웅장하고 장중함이 느껴지는 영험한 산이다.

● 강화 마니산

해발 472.1m로 높은 산은 아니지만 산 정상에는 단군왕검이 하늘에 제사를 지냈다는 참성단塹城壇이 있어 지금도 개천절에 제를 올리고 전국체육대회 성화를 채화하는 성스러운 곳이다. 이 참성단에서 나오는 좋은 기는 국가의 명예를 높이고 경제에 도움이 되며 직장인에게도 능력을 발휘하게 하는 데 도움이 된다.

● 구리 동구릉 내 건원릉(이성계의 능)

조선왕조 창건군주인 태조 이성계를 비롯한 조선시대 9명의 왕족의 능이 있어 동구릉東九陵으로 불린다. 특히 동구릉 내 9개의 능 중에서도 태조 이성계의 무덤인 건원릉에서는 어려운 시험 합격, 직장인 승진, 선거 승리 등을 가져오는 좋은 기운을 받을 수 있다.

● 서울 인왕산

조선 초 도읍을 정할 때 우백호右白虎로 삼았던 명산이다. 특히 인왕산의 선바위는 영험한 기운이 있어 임신 기원, 정력 강화, 직장인 승진, 학업 성취, 사업 달성에 도움을 준다. 또한 심리적 불안감, 우울증과 같은 정신질환에도 효과가 있다고 하여 많은 이들이 찾는 곳이다.

● 서울 관악산 연주대

관악산의 정상 연주봉 아래에는 여러 낭떠러지 절벽이 있는데 이곳에 석축을 쌓아올려 자그마한 불당을 지은 것이 연주대戀主臺이다. 이곳에는 제비집 모양으로 기가 모인 혈 자리가 있다. 거기다 관악산은 바위산으로, 불꽃 모양을 하고 있는 바위의 강함과 불의 뜨거운 기운을 가져 뜻한 바를 이루는데 도움을 준다. 특히 정치인이나 수험생이 연주대에서 기도를 하면 강력한 기를 받아 좋은 일이 생긴다고 전해 온다.

● 서울 봉은사 영산전

서울 강남구 삼성동에 위치한 봉은사는 우리나라 선종을 대표하는 사찰이다. 이 봉은사의 대웅전 뒤에 자리 잡은 영산전은 석가불과 그의 열성제자인 16나한을 모신 곳으로 좋은 기가 나온다. 때문에 봉은사를 찾는 많은 이들이 이곳 영산전은 거의 빠지지 않고 들른다고 한다. 특히 풍수적으로 야망을 가진 정치인이나 고위 공직자 등이 권력을 얻는데 도움이 된다.

● 대구 팔공산

팔공산이 소원 성취를 빌고 합격을 기원하는 명당으로 유명한 것은 영험하다고 알려진 석조여래좌불상이 있기 때문이다. 해발 850m에 위치한 석조여래좌불상은(일명 갓바위) 머리에 갓을 쓴 형상의 좌불상으로 신라 선덕왕 때 건립하였다고 하는데 머리 모양이 대학 학사모와 비슷하다고 하여 대학 입시철에는 합격을 기원하기 위해 전국에서 수많은 이들이 찾아오고 있다.

● 남해 금산 보리암

보리암은 남해의 명산인 금산 정상 절벽에 자리 잡고 있다. 자식들을 보살피는 어머니처럼 고통 받는 중생을 구제한다는 해수관음상海水觀音像이 있는 곳으로 단 한 가지 소원만 들어준다는 기원터로도 유명하다. 단 그 기도는 본인 자신을 위한 기도가 아니라 타인을 위한 것이어야 효과가 있다고 전해진다. 그래서 사랑하는 이나 가족을 위한 기도를 하고 남해의 경치를 즐기려는 이들의 발길이 끊이지 않고 있다.

● 양양 낙산사의 홍련암

강원도 양양 낙산사의 동해 바닷가 끝 절벽에 있는 자그마한 암자로 지난번 낙산사 대부분이 불에 탔던 동해안 산불 시에도 홍련암만은 무사했다고 한다. 이곳 홍련암 절벽 아래에는 자연 석굴이 있는데 홍련암 바닥에 뚫린 유리창을 통해 파도가 치는 아래를 내려다 볼 수 있다. 이때 용이 보이면 소원이 이뤄진다는 설이 있어 홍련암을 찾아 소원을 비는 이들이 많다. 풍수적으로도 홍련암은 명예를 높일 수 있는 좋은 기운이 가득한 명당이다.

2) 재물운, 금전운, 경제운이 커지는 곳

● 양평 양수리 두물머리 도당나무

두물머리는 양평군 서쪽에 자리 잡은 양서면 양수리 유역을 아우르는 지명이다. 양수리의 옛 지명으로 남한강과 북한강, 바로 이 두 물이 머리를 합치는 것을 의미한다. 한자로는 이두수二頭水, 양수두兩水頭라 불리기도 했다. 두물머리에는 원래 커다란 느티나무가 두 그루 있었는데 한 그루는 팔당댐 건설 후 수몰되어 지금은 하나만 남아 있다. 이 높이 26m의 거대한 느티나무가 바로 마을의 안녕을 기원하는 제사를 지내던 도당都堂나무이다. 실제 나이도 무려 400년이 넘는 예사롭지 않은 나무로 용왕제에 해당하는 도당제사를 이 도당나무 앞에서 지내며 풍요를 기원했다고 하니 그 좋은 기운을 이어받아 재물운이 좋아지길 기대해 보자.

● 과천 청계산

산에서 흘러내리는 물이 맑아 청계라는 이름이 붙은 것이라는 이야기가 있으며 사업에 좋은 기운이 있는 산이다. 완만한 산등성이와 맑은 물이 흐르는 계곡은 주위의 평지와 잘 조화를 이뤄 풍수적으로 풍요로움을 가져다 주는 산으로 평가를 받고 있다. 아직 일부 군사시설이 남아 있어 최정상까지 오르지는 못하지만 매봉까지만 올라도 좋은 기운을 받을 수 있다.

● 서울 청계천 모전교 다리 아래

청계천 초입에서 동대문 방향으로 내려가다 보면 첫 번째 다리가 바로 모전교이다. 풍수적으로 보면 이 다리 아래 공간에 좋은 기운이 흐르고 있다. 언제부터인가 시민들이 행운의 동전을 던지는 곳이 되었지만 풍수로 보면 재물이 모이는 곳이다. 나들이 삼아 청계천을 간다면 이 모전교에 들러 잠시 재물운도 받고 행운의 동전도 던져보면 재미있을 듯싶다.

● 원주 치악산

치악산은 높이 1,288m의 비로봉이 가장 높지만 하나의 산이 아닌, 인근 여러 개의 봉우리를 모두 칭하는 산이다. 들쭉날쭉한 여러 봉우리와 절벽 등 다양한 경관과 함께 한때는 사찰만 수십 개 이상이었을 정도로 영험한 산이다. 풍수적으로도 금전운, 재물운이 좋아지는 곳이다.

● 영천 돌할매와 돌할배

소원성취를 알려주는 돌할매와 돌할배라는 신비한 두 개의 돌이다. 그러나 두 개의 돌은 한군데 모여 있는 것이 아니고 서로 떨어져 있다. 원래 원조격은 돌할매로 마음속으로 소원을 빈 다음 돌할매를 들었을 때 처음보다 무겁게 느껴지거나 들리지 않으면 소원이 이뤄진다고 한다. 단 돌할매에게 빌 때는 단 하나의 소원만 빌어야 한다. 돌할배는 사업하는 남성들에게 특히 이로운 왕성한 기운을 얻을 수 있다.

● 서울 여의도 국회의사당

여의도 국회의사당 터는 문화, 예술, 공연 등과 잘 어울리는 장소이다. 이곳에서 관련 사업을 하면 성공할 기운이 많다. 인근에 KBS를 비롯한 방송사가 몰려 있는 것도 무관하지 않다.

● 화성 서해바다

화성 쪽의 서해바다는 경제적으로 좋은 기운을 만드는 곳이다. 인근에 융릉, 용주사, 남양성지, 당성 등 방문할 명소도 많지만 반드시 서해바다를 보며 기원을 하도록 한다. 그 다음 인근의 융릉과 남양성지도 경제와 관련하여 좋은 기운을 받을 수 있는 곳이니 방문하면 좋을 듯싶다.

3) 사랑운을 키울 수 있는 곳

● 제천 월악산

산세가 험준하고 기암절벽이 치솟아 오른 월악산은 예로부터 성스러운 정기를 담고 있다고 하여 주봉우리를 영봉靈峯이라 칭하였다고 한다. 이름처럼 월악산은 달이 상징하는 안정과 조화의 기운이 많은 곳이다. 특히 월악산 미륵사지에 있는 돌거북이 있는 곳은 풍수적으로 길한 장소로 여자가 좋아하는 남자와 연을 맺는데 도움이 되는 기운을 얻을 수 있다.

● 단양 소백산

여러 봉우리와 아름다운 골짜기, 울창한 숲을 가진 소백산은 예로부터 많은 이야기가 전해오는 영험한 산이다. 이 월악산은 남자 인연이 부족한 여성에게 여성스러움을 더해주고, 한 번 부부가 되면 평생을 함께 하는 배우자가 되게 하는 기운이 강한 곳이다. 특히 소백산 구인사의 장독대가 있는 곳은 남녀 모두 배우자를 얻기에 좋은 기운이 가득해 결혼을 원한다면 여행 삼아 한 번 들러 기원을 하는 것도 좋다.

● 진안 마이산

전북 진안의 마이산은 말의 귀를 닮았다 하여 마이산으로 불리는데 연인이나 부부 사이의 사랑을 강하게 만들어 주는데 도움이 되는 장소이다. 마이산에는 숫 마이봉과 암 마이봉이 있는데 지금의 사랑을 더 돈독케 하고 싶은 여성이라면 양기가 강한 숫 마이봉을 오르기를 권한다.

● 화순 운주사 공사바위

운주사는 통일신라 말기에 도선국사가 하늘의 석공들을 불러내려 하룻밤에 천불천탑을 조성했다는 사찰로, 당시 도선국사가 불사바위에 앉아 밤새 공사를 지휘했는데 그 불사바위가 지금의 공사바위라고 한다. 공사바위는 사랑의 기운이 가득한 곳으로 연인이나 부부라면 사랑이 더욱 커지길 바라는 마음으로 함께 찾는 것도 좋다.

● 남해 한려해상국립공원 금산 봉수대

고려시대부터 봉화를 올리던 곳으로 태양의 강한 양기가 많은 장소이다. 그래서 심신이 허약한 이들도 원기를 충전하기에 좋은 곳이며 사랑의 감정을 되찾고 싶을 때도 도움이 되는 곳이다. 관계가 소원해진 연인이나 부부라면 이곳에서 새로운 각오로 출발을 다짐하면 어떨까?

● 울진 미륵바위(사랑바위)

울진군 일대에선 유명한 이 미륵바위는 오래전 고아인 오누이가 있었는데 어느 날 약초를 캐러다 오빠가 낭떠러지에서 떨어져 죽자 남은 여동생마저 실의로 자살하고 말았다는 애절한 전설이 얽힌 바위이다. 사랑하는 남녀가 서로 한 몸이 되어 껴안고 입을 맞추는 형상으로 몸통 하나에 얼굴이 두 개인 모양새로 이곳에서 소원을 빌면 남녀 간 사랑이 이뤄진다고 소문난 곳으로 많은 이들이 찾고 있다.

집안에 좋은 기운을 불러오는 33가지 풍수 코디법

① 현관에 많은 물건을 두지 말라

현관에 자전거, 택배 박스, 쓰레기통, 우산, 신발 등 다양하고 많은 물건들을 늘어놓기 십상인데 생기풍수로 보면 좋지 않다. 좋은 기가 현관을 통해 실내로 들어오는 걸 막기 때문이다. 가능한 말끔하게 정리하도록 한다.

② 신발은 가지런히 정리해 놓는다

현관에 신발을 어지럽게 마구 벗어놓는 것도 좋은 기운을 막는다. 자주 신지 않는 신발은 신발장에 넣고, 매일 신는 신발은 가지런히 정리한다.

③ 신발장에는 여유 공간이 있어야 좋다

신발장 크기도 집안의 신발을 모두 수납하고도 여유 공간이 있는 것이 좋다. 신발장이 작아 곤란하다면 오래도록 신지 않는 신발은 박스에 따로 보관하여 신발장 공간을 비우도록 한다.

④ 현관의 악취를 제거하라

현관에 들어서자마자 냄새가 난다면 외부 손님에게 매우 나쁜 인상을 줄 것이다. 하지만 신발장이 있는 현관은 환기가 잘 되지 않아 자칫 기분 나쁜 냄새가 날 수도 있는 곳이다. 그러므로 탈취

제와 방향제 등으로 냄새를 제거하고 화초를 놓는 것도 좋은 기운
을 불러오는 방법이다.

⑤ 문소리는 조용할수록 좋다

현관문 여닫는 소리가 요란하면 풍수적으로 좋지 않게 본다. 뿐
만 아니라 집안에 있는 모든 문과 창문도 소리 나지 않게 여닫는
다. 문이나 창에서 귀에 거슬리는 거북한 소리가 난다면 반드시 고
치도록 한다. 문 여닫는 소리가 크면 클수록 좋은 기운이 모이지
못하고 흩어지는 법이다.

⑥ 현관은 밝아야 한다

현관은 집의 첫 인상을 좌우하는 공간으로 밝은 이미지를 주어
야 한다. 조명으로 밝고 환하게 한다.

⑦ 현관문 바로 앞에 거울을 걸지 말라

현관문을 열었을 때 곧바로 보이는 정면에 설치한 거울은 밖에
서 들어오는 좋은 기운을 반사시키는 역할을 하므로 좋은 위치가
아니다. 정면보다 오른쪽이나 왼쪽에 거울을 두고 거울은 반드시
테두리가 있어야 풍수적으로 바람직하다고 본다.

⑧ 거실 베란다 창 앞을 막지 말라

현관과 함께 외부로부터 좋은 기운이 많이 들어올 수 있는 곳이

베란다 창인데 그 앞에 물건을 마구 쌓아 막으면 좋은 기운이 들어오지 못하게 된다. 또한 하는 일에도 나쁜 영향을 주고 답답한 마음이 들게 하는 등 정서적으로도 좋지 않다.

⑨ 도검류, 골프채, 야구방망이 등은 눈에 잘 띄지 않는 곳에 둔다

어떤 집 거실을 보면 커다란 도검을 거실 한쪽 벽면에 장식용으로 걸어두거나 골프채, 야구방망이 등도 잘 보이는 곳에 두는 경우가 있다. 흉기처럼 강하고 날카로운 물건들은 잘 보이지 않는 곳에 보관하는 것이 풍수적으로 좋다.

⑩ 좁은 집에는 무겁고 큰 가구를 놓지 말라

집이 작아서 거실도 좁다면 피아노처럼 크고 무거운 가구는 좋지 않다. 냉장고 등 가전제품 역시 가능한 작은 사이즈를 사용한다. 좁은 공간을 많이 차지하는 크고 무거운 가구는 위압감을 주며 사람의 기를 누른다고 풀이할 수 있다.

⑪ 가구, 가전제품에 먼지가 없도록 하라

거실에 있는 가구나 TV 등 가전제품에 먼지가 쌓이면 좋지 않다. 먼지는 건강에 해롭지만 풍수적으로도 나쁜 기운, 액운을 의미한다. 전자파가 나오는 TV 등 가전제품 주위에 싱싱한 식물을 놓아두면 좋은 기운이 커진다.

⑫ 화초를 키워라

집안에 생기를 주고 행운을 높이려면 거실에 화초를 키우는 것이 좋다. 특히 건조하고 삭막한 한겨울에도 꽃이 피고 시들지 않는 종류들이 좋다. 화분에 물을 주면 실내 습도조절 기능도 하며 건강에 이롭기도 하다.

⑬ 침대 머리 방향은 창문 쪽을 향한다

숙면을 취하고 부부 사이 애정과 건강에 밀접한 침실에서 가장 중요한 것은 침대의 머리 방향이다. 잠자는 방향에 따라 운이 좌우된다고 보기 때문이다. 침대 머리 방향은 침실 창문 쪽으로 두는 것이 가장 좋다. 어쩔 수 없을 때는 침대를 창문과 나란히 놓는 것도 괜찮다. 그러나 출입문 쪽으로 침대 머리를 두는 건 피해야 한다.

⑭ 지갑은 침실 북쪽에 두어라

지갑도 주방 식탁이나 전자제품 위에 함부로 두지 말고, 침실 북쪽에 두는 것이 풍수적으로 재물운을 높여준다.

⑮ 침대 커버는 심플한 것이 좋다

침대 커버는 화려한 것보다 단순한 디자인의 무채색 계통의 단색이 가장 좋다. 침대 커버가 화려하면 할수록 돋보여야 할 사람은 묻히고 부부 사이가 나빠질 수 있기 때문이다.

⑯ 침실에 TV 등 가전제품을 두지 말라

TV, 컴퓨터, 오디오나 게임기 등의 가전제품은 가능한 두지 않는 것이 좋다. 부부 사이에 상대방에 집중하는 대신 가전제품에 한눈을 팔다보면 좋았던 금슬도 안 좋아지고 대화가 줄면서 관계가 나빠지게 된다.

⑰ 세워놓는 옷걸이는 없애라

거실이나 안방 등에 세워놓는 옷걸이를 두고 바깥에 입고 나갔다 돌아온 옷들을 걸어두곤 하는데 좋지 않다. 외부의 나쁜 기가 옷에 묻어 들어온다고 보기 때문이다. 현관 밖에서부터 먼지를 털고 실내로 들어오도록 하고 벗은 옷은 옷장 속에 넣고 문을 꼭 닫는 것이 바람직하다.

⑱ 벽에 못 자국은 최소화하라

액자와 같이 침실 벽에 장식을 위해 못을 박는 일은 가능한 줄이는 게 좋다. 특히 안방 침실에 못 자국이 많으면 자녀의 앞날에 좋지 않다고 한다. 시계나 액자 등 꼭 필요한 것 한두 개만 걸고 사진도 부부 침실에는 부부 사진만을 두고 자녀들과 함께 찍은 가족사진은 거실에 두는 것이 좋다.

⑲ 물건을 쌓아두지 말라

탁자, 화장대, 장롱 등 가구 위에 물건들을 쌓아두는 일이 없도록 한다. 휴지 묶음이나 커다란 여행용 가방 등을 장롱 위에 높이 쌓아두는 경우가 있는데 이는 기 순환을 막기 때문에 가족들의 건강에 좋지 않다.

⑳ 이불과 속옷은 수납장 중간보다 조금 높은 곳에 둔다

침실의 이불과 속옷을 수납할 때는 장롱 등의 수납장 중간보다는 조금 높은 칸에 보관한다. 아래로 갈수록 음기가 강한데 위에다 두어서 부족한 양기를 보충하도록 하는 것이다.

㉑ 식탁에 약을 두지 말라

눈에 띄는 가까운 곳이라고 생각해서 식탁에 약을 두는 경우가 많다. 이는 약을 잊지 않고 먹기 위한 것이지만 식탁에서 음식을 먹는 것처럼 약 먹을 일이 자주 생기게 한다. 식탁 말고 다른 곳에 약을 보관하는 것이 좋다.

㉒ 설거지한 그릇은 엎어두지 마라

설거지한 다음 물기를 닦은 그릇은 엎어두지 말고 바로 놓도록 한다. 주방으로 들어온 좋은 기운을 담을 수 있어야 하기 때문이다. 때로는 먼지 때문에 그릇들을 행주나 천으로 덮는 경우도 있는데 이는 금전운도 덮어버리는 것이기에 삼가는 것이 좋다.

㉓ 좋은 그릇을 사용한다

음식 그릇은 그 그릇으로 음식을 먹는 이의 부와 지위를 의미한다. 이가 나간 그릇이나 싸구려 느낌이 나는 그릇은 사용하지 않는다. 특히 밥그릇과 국그릇은 고품질의 좋은 제품을 쓰도록 한다.

㉔ 주방기구는 원목 등 자연친화적인 소재가 좋다

음식을 만드는 주방기구의 소재는 금속으로 만든 것보다는 나무 원목으로 만든 것이 더 좋다. 원목과 같은 자연친화적인 주방기구는 상쾌하고 따뜻한 느낌을 주며 가족 유대감도 높이는 효과를 기대할 수 있다.

㉕ 냉장고를 정리하라

냉장고를 정리하지 않아 복잡하고 어지러우면 풍수적으로 가족들의 건강에 문제가 생길 수 있다고 본다. 특정 날에 몰아서 한번에 말끔하게 치우려고 하기보다는 육류, 생선, 야채, 과일, 음료 등 식재료별로 공간을 나누어 저장하면 정리하기에도 편하다. 특히 냉장고에 부패하고 상한 식재료가 없도록 주의한다.

㉖ 연장자는 식탁의 서쪽이나 북쪽에, 젊은이는 동쪽 자리에 앉는다

식탁의 좌석 배치도 적절해야 집안에 문제가 없다. 잘못된 좌석 배치는 자칫 가족 간 사소한 문제로 다툼이 많아지고 위계질서가

흐트러져 연장자와 손아랫사람의 관계가 불편해질 수도 있다. 식탁에는 연장자가 서쪽이나 북쪽에 앉고, 나이가 적은 사람은 동쪽에 앉는 것이 풍수적으로 좋다.

㉗ 싱크대 밑에 식재료를 두지 말라

싱크대 밑은 물의 기운이 강한 장소인데 비해 식품이나 조미료는 불의 기운을 갖는다. 물과 불은 서로 상극이므로, 물의 기운이 강한 싱크대 밑에 식품이나 조미료를 두면 좋았던 금전운까지 줄어들게 된다.

㉘ 화장실은 늘 청결하게 하라

화장실은 때가 끼어 악취도 나고 더러워지기 쉬운 곳이다. 그렇기 때문에 바닥과 벽의 타일, 세면대, 변기 등을 모두 정기적으로 청소하여 늘 청결한 상태를 유지한다. 특히 변기 뒤쪽처럼 보이지 않지만 더러운 곳을 찾아 말끔하게 씻어 낸다. 변기는 사용하지 않을 때는 뚜껑을 덮어 두는 것이 좋고 사용 후에는 즉시 물로 안팎을 뿌려 씻도록 한다.

㉙ 건조한 화장실이 좋다

물을 많이 사용하는 화장실, 욕실이라도 습한 것보다는 건조한 상태를 유지하는 것이 마음을 상쾌하게 하고 건강에도 좋다. 샤워 후에는 곧바로 창문을 열어 환기시키고, 욕조에 고인 물도 모두 빼

낸다. 화장실 바닥에도 난방을 하면 습기가 차지 않고 좋다.

㉚ 세면대 주변을 깔끔하게 정리하라

좁은 세면대 주위에 비누는 물론 화장품과 세제 등 여러 물건들을 잔뜩 올려놓는 일은 풍수적으로 좋지 않다. 세면대에는 매일 자주 쓰는 물건만 놓고 나머지는 수납장에 넣어 세면대를 물건 없이 깔끔한 상태로 한다.

㉛ 젖은 타월을 두지 말라

목욕이나 샤워 후 닦은 젖은 타월을 화장실에 그대로 두지 말라. 젖은 타월은 기운을 떨어뜨리기 때문이다.

㉜ 욕실 조명은 밝아야 한다

예전에는 욕실의 조명을 일부러 흐리고 어둡게 했었는데 바람직하지 않는 일이다. 화장실도 밝고 환해야 습기를 없애고 나쁜 기운을 쫓아내는 법이다.

㉝ 비누, 샴푸는 고급제품을 써라

비누, 샴푸는 고급제품을 사용한다. 이는 사회활동에 유리하게 작용하여 업무성과가 좋아지는 결과를 낳게 한다.

돈이 되는 부동산의 풍수적 조건

　돈이 되는 부동산에 투자를 하기 위해서는 그 지역의 개발정보들을 남보다 빨리, 더 많이 알면 그만큼 유리하다. 즉 대형할인점이나 백화점 유무, 지하철과의 거리, 학교, 대형병원, 관공서, 공원, 도서관 위치, 도로 확장계획, 혐오시설 유무, 중장기 지역개발계획 등의 체크리스트로 판단하는 것이다.

　하지만 집을 사거나 이사 갈 경우에도 그 집의 방위나 구조 등이 가족들에게 어떤 영향을 주는지, 새로 산 집의 부동산 가치는 어떨지 등에 관해 풍수적으로 살펴보며 투자 결정을 하는 것도 바람직할 것이다.

　그러나 오늘날 대도시에서 아파트나 사무실, 상가를 고를 때 용혈사수, 지리오결 등과 같은 전통 풍수학을 적용하여 좋은 부동산을 찾는다는 것은 현실적으로 무리한 일이다. 대규모 개발로 인하여 지형이 많이 달라졌고 고층건물들로 뒤덮여 있어 본래의 자연지형을 유추하기가 쉽지 않기 때문이다.

　일단 투자에도 바람직한 땅, 좋은 부동산이라면 풍수적으로 다음과 같은 조건을 가진 곳이다.

● 뒤쪽이 높고 앞은 낮은 전저후고 지형이여야 한다. 즉, 뒤쪽에는 산이나 언덕이 있어 높아야 하고 앞에는 물이 흘러야 하기에 낮고 평탄하여야 한다.

- 하천이나 도로가 감싸주는 안쪽이 좋다. 하천이 어느 쪽으로 흐르고 감싸고 흐르는지 살펴보고 물이 감싸주는 안쪽을 선택한다. 좋은 기는 물이 감싸주는 안쪽에 모이기 때문이다. 반대로 물이 휘어 돌아 나가는 바깥쪽은 기가 모이지 않고 흩어지는 곳이다. 음인 산이나 양인 물처럼 대지와 빌딩은 음이라고 보면 도로는 양이다. 풍수에서는 도로를 물로 보기 때문에 도로가 감싸준 안쪽이 길하고 좋다.
- 경사가 심한 도로가 있는 곳은 좋지 않다. 이런 곳은 물이 곧장 빠져 나가 기가 흩어지고 재물이 모이지 않는다.
- 도로나 골목의 막다른 곳의 건물은 좋지 않다. 특히 이런 곳은 주변의 높은 건물들이 햇볕을 막아 늘 어둡고 건강에도 좋지 않다. 또한 건물과 건물 사이로 골바람이 형성되어 바람 피해를 입는다.
- 건물이 있는 택지는 직사각형의 반듯한 것이 좋다. 삼각형이나 땅 형태가 복잡하면 피하는 것이 좋다.
- 주변의 높은 건물 때문에 늘 해가 들지 않는 집이나 건물도 좋지 않다.

수맥은 미신이 아니며 통계로 보는 과학이다

제5장

사람 살리는
생기풍수(생로병사)

물고기도 우울증에 걸린다

물고기도 우울증에 걸린다. 제브라피시를 대상으로 한 실험이 있었다. 연구팀은 수조 측면, 중간에서 약간 아래쪽에 마커로 수평선을 그렸다. 우울증에 걸린 물고기는 그 선 아래쪽에만 머물렀다. 하지만 같은 물고기에게 항우울제 프로작을 먹였더니 선 위로, 아예 수조 맨 위까지 올라가 쌩쌩하게 돌아다녔다.

적절한 자극이 없으면 물고기도 우울증에 걸린다. 특별한 자극이 아니더라도 돌이나 나무, 수초가 없는 수조에서 장시간 그냥 둥둥 떠다니기만 하면 우울증에 걸린다.

— 영국의 작가 매트 헤이그의 《미드나잇 라이브러리》 중에서

하물며 물고기도 우울증에 걸리는데, 우리 인간은 어떨까?

매일 변화가 없는 평범한 삶을 살다 보면 우울증이 올 수 있다.

건강보험심사평가원의 자료에 의하면 2021년 기준 우리나라의 우울증 환자는 93만 3,481여 명이었고 매년 5~10퍼센트씩 증가하고 있어 곧 100만 명이 넘을 것으로 추산하였다. 어느덧 대한민국의 국민 건강을 위협하는 무서운 질병이 되었다. 특히 우울증과 같은 정신질환은 환자 본인은 물론 가족 등 주위 사람들까지 장기간 힘들게 하며 또 다른 정신적 고통을 낳는다는 점에서 심각성이 크다. 따라서 이에 대한 적절한 대안이 필요한데 병원 처방에 따른 약물 치료로는 회복이 어렵다는 한계가 있다.

여기에 풍수가 도움이 될 수 있다. 생기풍수는 땅에 흐르는 좋은 기운을 찾아 인간에게 좋은 기운을 주어 건강에 이롭게 도와주는 실천 학문이다. 길흉화복 중 흉을 막고 화를 피하고, 생로병사 중 병, 즉 질병으로부터 도움을 주고 생기있는 삶을 위한 것이 생기풍수이다. 특히 생기풍수에서는 땅의 혈 자리에 있는 좋은 기운을 찾고 수맥파를 차단하고 사기(영가)를 물리치는 등의 비방을 통해 고질적인 여러 육체적 · 정신적 질환에 치료 효과를 가져오고 있다.

혹자는 무슨 미신 같은 소리냐고 말할 수도 있을 것이다. 하지만 매일 갖가지 고통을 하소연하는 분들과 상담을 하고 또 그에 대한 적절한 생기 처방을 통해 의뢰인들의 증상이 호전되는 것을 확인해 가고 있다. 그에 대한 다양한 사례를 소개한다.

조현병 치료를 위한 비방

대전에 사시는 어느 분의 이야기이다. 크지는 않지만 건물도 한 채 가지고 있어 세를 놓고 살아서 사는 건 별문제가 없고, 건강도 크게 신경을 쓸 정도로 나쁘지 않은데 한 명 있는 아들이 문제였다.

아들이 정신분열증 즉, 조현병으로 저녁에는 잠을 잘 못자고 사기(영가)가 보인다며 혼자 대화를 나눌 때도 많다. 가출이 잦고 한 번 나가면 한 달, 두 달 될 때도 있다고 한다. 대구, 부산, 여수 등 전국을 다니기 때문에 혹시라도 아들이 잘못 될까봐 통장에 돈을 계속해서 넣어 주고 있으며, 정신 차리고 집으로 오기만 기다릴 수밖에 없다는 것이다.

어느 날부터 갑자기 이상해진 아들은 정상적으로 지내다가도 가출을 하고, 분노조절장애를 일으켜서 속을 태우고 있었다. 정신병원에 몇 번 입원도 시켜 봤지만 병원에 있을 때는 별 증상이 없다가 퇴원을 시키면 며칠 지나지 않아 다시 증상이 나타난다고 했다.

그동안 치유를 위하여 전국의 유명하다는 무속인, 스님 등 용하다는 분들을 숱하게 찾아다녔다고 한다. 굿도 많이 하고 천도재까지 지냈으며 덕분에 재산도 많이 없앴다고 했다. 그러다 물에 빠져 죽는 사람이 풀 한 포기라도 잡는 심정으로 마지막으로 상담을 한다고 하소연을 했다.

의뢰인 아들의 비방을 위해선 그 원인부터 찾아야 한다. 우리나라 수맥과 풍수의 최고 대가셨던 고 임응승 신부님께서도 원인 모를 후손의 질병의 경우에는 조상 묘와 깊은 연관성이 있다고 보았다. 특히 조현병과 같은 정신질환의 경우에는 음의 기운이 강한 영가가 원인인 경우가 많다. 치유를 위해선 음기陰氣(어둡고 차가운 기운)를 누르고 양기를 불러와야 하는데 조상들과의 동기감응을 통해 좋은 양기陽氣(햇빛이 따뜻한 기운)를 받아야 하므로 조상 묏자리가 좋아야 한다. 그래서 조상 묏자리를 살펴서 수맥이 흐른다든지 나무뿌리가 관을 감싸고 있다든지 하면 수맥을 차단하는 등 좋은 명당으로 만들기 위한 적절한 처방이 필요하다.

이번 상담 사례와 같은 정신질환이 있는 조현병 환자에게는 몸에 있는 사기(영가)를 기氣 치료를 하고 초혼장을 통해서 좋은 기운이 나오는 명당을 찾아 모셔드리면 된다. 여기에 신경안정을 위해서 병원 처방약도 같이 먹으면서 치유를 병행하면 좋다. 조현병은 정신 및 형태질환으로 세계보건기구WHO에서도 인정한 질병이다.

이외에도 보통 사람의 몸에 사기(영가)가 있으면 그 집에도 반드시 사기(영가)가 있다. 일단 아들의 비방을 위해 조상의 묘를 좋은 기운이 있는 명당자리로 처방을 해주었고, 아들의 몸에 있는 사기(영가)는 기 치료를 하고 초혼장으로 좋은 기운이 있는 명당자리에 모셔드렸다. 그로부터 며칠 후 전화가 왔는데 아들이 가출도 하지 않고 정상적인 생활을 하고 있다고 하였다.

항상 피로하고 가게도 잘 안 되는 이를 위한 처방

'매일 밤 악몽에 시달리고 잠을 자주 깨다보니 항상 피곤하고 가게도 잘 안 돼요.'

서울에 사시는 의뢰인의 하소연이다. 사실 밤마다 하루도 아니고 매일 매일 시달려 보지 않으면 잘 모르는 일이다. 현실처럼 꿈을 꾸고 나면 몸도 여기저기 아프고 장사가 잘 안 되니 얼마나 힘들었을까?

의뢰인의 집과 가게를 전체적으로 진단해 보았다. 우선 거주하는 아파트는 정남향으로 햇빛이 잘 들어오지만 현관 들어가는 곳에서부터 수맥이 흐르고 현관 출입구 바닥이 갈라져 있었다. 안방, 거실, 주방, 기타 방 2곳도 수맥이 지그재그 모양으로 많이 흘렀다. 집으로 들어오는 좋은 기운도 없었다.

의뢰인이 운영하는 주점도 입구에서부터 카운터, 무대, 룸 등 대부분이 수맥이 많이 흐르고 있었다. 거기다 의뢰인 몸에는 사기(영가)가 들어 와 있었다.

그래서 의뢰인의 집과 주점의 수맥 탐사를 한 후 수맥을 중화(차단)하였고 집과 가게에 좋은 생기(좋은 기운)를 넣어주는 처방을 하였다. 또한 의뢰인에게 실린 영가(사기)를 기 치료를 하여 초혼장으로 여주의 좋은 명당자리로 모셔 주었다.

다음 날 전화통화를 했는데 모처럼 편안하게 잠을 잘 잤다고 전해왔다.

아파트 이사 후 몸이 자꾸 아픈 이를 위한 처방

지인에게서 연락이 왔다. 서울 동대문에 신축한 아파트로 이사를 했는데 계속 잠자리가 불편하다고 한다. 잠을 자고 나서도 머리도 무겁고 악몽도 꾸며 몸이 안 좋다고 하기에 직접 방문하였다.

32평 아파트로 남향에 위치하고 있었는데 출입문은 동향이었다. 출입구부터 수맥 탐사를 해 보니 수맥이 집안을 바둑판 모양으로 다양하게 흐르고 있었다. 수맥은 출입문, 주방, 작은방 2곳, 안방, 거실, 화장실 2곳, 베란다 등 집안 전체적으로 흐르는 모양새였다. 집 전체가 수맥 밭이었고, 특히 안방 침대의 머리 쪽은 더욱 심했다.

지인의 경우 아직 이사한 지 얼마 지나지 않았지만 수맥 위에서 오랫동안 생활을 하게 되면 심각한 문제가 일어날 수 있다. 건강에도 좋지 않을뿐더러 어떤 생각을 해도 집중도 안 되고 하는 일이나 가게 등 사업에도 악영향을 미치게 된다. 그래서 지인의 집에 수맥을 중화(차단)시켜 주었다. 아울러 실내는 행운을 부르도록 생기 풍수를 고려한 가구 배치를 하였다.

그 후 며칠이 지나지 않아 지인은 머리도 맑아졌고 잠도 잘 잔다며 감사의 표시로 저녁 식사를 대접하고 싶다고 했다. 약속일에 만나 함께 저녁을 했는데 공장도 이전보다 잘 되어 무척 좋다고 한다.

잠이 보약이라는 말이 있다. 무엇보다 잠 잘 자고 컨디션이 좋아야 집안 분위기도 좋을 것이다. 또한 컨디션이 좋아야 활기차게 움직이며 사업도 잘될 것이다. 우리 잠자리와 건강에 악영향을 주는 수맥은 반드시 차단하여야 한다.

부친을 화장한 후 아픈 이를 위한 처방

상담을 하다 보면 가슴 아픈 사연들도 많다.

60평생 이일 저일하면서 살아왔다는 의뢰인은 지금은 성남지역에서 마을버스를 운전하며 살아가고 있다. 지금의 부인과는 재혼했고 함께 산 지는 10여 년째라고 한다. 그러나 나이도 많은데 작은 수술도 하고 몸 여기저기가 아파서 걱정이라며 상담을 하게 되었다.

오래 전 의뢰인이 어렸을 때 먹고 살기 힘든 시절에 아버님이 돌아가셨는데, 나이 많은 형님이 부친을 화장해서 인천 연안부두 근처 바다에 뿌려 드렸다고 한다. 그 이후 돌아가신 모친도 화장을 해서 성남의 납골당에 모셔드렸다. 그리고 지금까지 의뢰인뿐 아니라 다른 형제분들도 힘들게 겨우겨우 살아가고 있다고 했다.

의뢰인의 몸이 아픈 원인 중의 하나는 부친으로부터 나쁜 기운을 받고 있었기 때문이다. 의뢰인의 집에는 부친 영가가 악영향을 주고 있었다. 부친의 떠도는 영을 초혼장을 해서 좋은 곳에 모셔 드렸다. 아울러 모친이 모셔져 있는 납골당에도 수맥이 흘렀는데 생기 도자기로 비방을 하였다. 의뢰인의 집은 수맥은 흐르지 않았지만, 특수 광물질로 만든 생기 도자기로 좋은 기운이 들어오게 비방을 해 주었다.

수맥과 지전류가 흐르는 잠자리에서 풍을 맞은 이를 위한 처방

수맥과 지전류地電流(땅속을 흐르는 자연전류)는 무서운 존재이다. 장기적으로 수맥과 지전류가 흐르는 곳에서 생활하게 되면 큰 병이 생길 수 있다.

어느 날 휴대폰 벨이 울렸다. 다급한 목소리의 의뢰인은 이모님이 풍을 맞아 조금 전에 병원에 실려 갔다는 것이다. 의뢰인 이모님 집을 찾아서 집에 수맥과 지전류를 찾아 탐사를 해 봤다. 역시나 수맥과 지전류가 흐르는 곳에서 주무셨다.

수맥과 지전류를 막아주도록 처방을 해 주고 이어서 좋은 기운이 나오는 명당 처방까지 해 주었다.

그동안 수없이 겪어온 일이지만, 수맥과 지전류에 노출되어 오랫동안 생활하면 심지어 초등학생도 입이 돌아가는 것을 보았다. 그만큼 수맥과 지전류는 무서운 것이다. 지금까지의 경험을 토대로 보면 중풍 환자는 예외 없이 수맥이나 지전류가 흐르는 곳에서 생활하고 잠을 잤다는 것을 알 수 있었다.

심한 어지럼증의 원인과 처방

문명이 발달한 21세기에도 과학으로 증명이 안 되는 현상은 많이 있다. 병원에 가서 진찰을 받아도 병명은 나오질 않는데 어지럼증이 심하여 서 있지 못한다는 의뢰인과 1차 전화 상담을 한 후 의뢰인이 사는 제주도로 출장을 가게 되었다.

가는 날이 장날이라고, 제주공항에 내리니 비도 많이 내리고 바람도 많이 부는데다 1월이라 날씨가 많이 추웠다. 그럼에도 탐사할 장소가 많아서 부지런히 이동해야 했다. 제주 공항에서 서귀포 쪽으로 1시간 30분 거리에 있는 조부 묘, 시부모 묘, 40분 거리에 있는 친정 부모 묘를 모두 확인하고 다시 30분 거리에 있는 의뢰인 가게와 집까지 다녀와야 하는 일정이었다.

먼저 조상 묘에서는 작은 제사와 함께 수맥 자리 탐사를 한 후 수맥(수맥파)을 중화(차단)시켜 드리고 초혼장을 해서 좋은 곳에 모셔 드렸다. 가게와 집에도 수맥이 흐르고 있어 수맥파를 생기 도자기로 중화(차단)시켜 주었다. 끝으로 의뢰인에게 달라붙어 귀찮게 하는 사기(영가)도 기 치료를 해 주고 바쁜 제주 일정을 마무리했다.

그 후 의뢰인은 어지럼증이 많이 좋아졌다며 고맙다고 귤 등을 보내 왔다.

잠자리가 불편하고 계속 악몽을 꾸는 이를 위한 처방

이번 상담 건은 집안 식구들 모두가 악몽에 시달리며 몸이 좋지 않은데다 돈 때문에 소송도 벌어지는 등 매우 힘들고 어려운 상황이었다.

일단 집에 수맥 여부를 판단하기 위해 사진을 받아서 체크해 보았다. 집은 2층인데, 대가족이 살고 있었다. 1층과 2층에 수맥이 많이 흐르고 있었고 집에도 안 좋은 기운(영가)들이 느껴졌다. 의뢰인의 가족들 몸에 이 사기(영가)들이 들어갔다 나갔다 하면서 복잡하게 엉켜있는 상황이었다. 큰 아들과 작은 딸에게도 문제가 있었다.

집 1층과 2층을 돌아다니면서 수맥 탐사를 해서 수맥(수맥파)을 중화(차단)했는데 원래 집짓기 전에는 이곳에 물이 흐르는 작은 연못이 있었다고 한다. 집 전체에 수맥이 악영향을 미치고 있었기에 수맥을 중화(차단)시켰고 집안의 사기(영가)도 초혼장을 해서 좋은 곳으로 모셔드렸다.

이후 이 집안 가족들 모두 잠도 잘 자고 외부 송사 문제도 잘 마무리되며 힘든 고비를 넘기고 있다고 한다.

온 가족이 악몽을 꾸는 이를 위한 처방

부산에 사는 40대 남자 의뢰인의 사례이다. 그동안 이 사업 저

사업 많이 해 봤는데 되는 게 없었다고 한다. 남들은 현상유지라도 하는데 의뢰인이 하면 6개월을 못 넘긴다는 것이다.

그래서 사업을 접고 직장을 다녔다. 하지만 직장에 다니면서는 구설수에 휘말려 모함을 당하고, 본인이 하지도 않았는데 누명도 쓰고 해서 최근에 그만 두었다고 했다.

그리고 거의 매일 밤 새벽까지 악몽을 꾸는데 귀신도 보이고 도망 다니며 밤잠을 설친 게 거의 7년이 넘었다고 한다. 본인 말고도 이제 7살 된 자녀도 꿈에 귀신을 봤다고 하면서 무서움을 타고 있었다. 의뢰인의 어머니 역시 그동안 많은 악몽에 시달려 오고 있었다.

의뢰인의 집을 방문하여 탐사를 해 보니 수맥이 많이 흐르고 생기가 없었다. 특히 의뢰인의 누나 영가가 천도가 되지 않고 동생 몸에 들락거리면서 동생을 괴롭히고 있었고 잡귀雜鬼(잡스러운 모든 귀신)도 한 몫을 하고 있었다.

처방으로 집안의 수맥에서 나오는 수맥파를 생기 도자기로 중화(차단)시킨 다음 작은 제사를 지내 주었다. 그리고 영가들은 초혼장을 해서 좋은 곳에 모셔드렸다. 아울러 의뢰인에게는 좋은 기를 받을 수 있는 기도법을 알려주고 돌아왔다.

그 후 의뢰인 가족 모두 잠도 잘 자고 집안이 평온해졌다고 소식을 전해 왔다.

심각한 사건 사고와 오랜 불면증으로 괴로운 이를 위한 처방

거제도에 사는 의뢰인의 전화를 받고 본인 얼굴 사진과 현관, 거실, 안방, 주방 등 집안 곳곳을 사진을 찍어서 보내달라고 했다.

의뢰인은 몇 년 전에 단독주택을 짓고 살았었는데 그때도 잠을 못자고 악몽도 꾸고 가정불화도 심하여 결국 이혼하고 혼자 몸만 겨우 빠져 나왔다고 한다. 지금은 아파트로 이사 온 지 두 달 되었는데 수면 장애가 더욱더 심해졌다고 한다. 밤이면 잠을 수차례 깨면서 악몽에 시달리다 보면 어느새 날이 밝아온다고 했다. 그리고 항상 어깨도 뭐가 누르는 것 같이 무겁고 아프다는 것이다.

결국 하루도 편안하게 잠을 잘 수 없는 고통 속에서 어떻게든 벗어나고 싶어 전화를 했다고 한다.

의뢰인이 지금 사는 아파트는 35평 정도 크기로 현관, 거실, 안방, 작은방, 주방할 것 없이 수맥이 많이 흐르고 살기殺氣(독살스러운 기운)가 가득찬 집이었다. 1차로 수맥을 찾아서 수맥파를 중화(차단)시키는 작업을 하였고, 2차로 의뢰인을 힘들게 하는 사기를 초혼장으로 좋은 곳에 모셔드렸다.

그런데 그 과정에서 새로운 사실을 알게 되었다. 오래전 의뢰인이 군대 가기 전에 사귄 첫사랑 여자 분이 있었는데 집에서는 결혼을 반대하였고, 그러던 중에 여자 친구는 임신을 해서 배는 불러오고 있었는데 의뢰인은 입대를 하게 되었다. 의뢰인이 군에서 훈련 받고 자대배치 받는 동안 연락이 안 되자 그 여자 분은 혼자 애타게 속을 태우다가 그만 음독자살을 했다는 것이다.

의뢰인도 첫 휴가 때 이 이야기를 듣고 무척 괴로워했었다고 한다. 그리고 세월이 지나 다른 여성과 가정을 이뤘다. 그러나 첫 아들이 7살 되던 해 머리가 아프다고 해서 병원에서 치료를 받다 의료 사고로 잃어버렸다고 한다. 그래서 화장하고 가거대교 밑에다 뿌려 주었다.

이런 마음 아픈 사연을 듣고 의뢰인의 첫사랑 영가와 아들 영가를 달래고 천도해서 초혼장으로 좋은 곳에 모셨다. 특히 첫사랑 영가가 가슴에 한을 품고 의뢰인이 행복하게 사는 걸 시기하고 의뢰인의 부인과 잦은 다툼을 만들며, 부인과 이혼까지 하고 아들의 죽음을 부른 원인이 되지 않았나 생각한다. 아들 영가도 화장하고 뿌린 뒤 제사 밥 한 번 차리지 않아 섭섭했을 것이다.

그래서 이 두 영가를 위해 초혼장으로 모시어 좋은 곳으로 인도해 주었다. 그 후 의뢰인으로부터 잠도 잘 자고 마음도 편안하고 너무 좋다는 전화를 받았다.

수맥 바로 위가 침실인 경우를 대비한 처방

이번 상담자는 현재 나이 48세, 10년 전에 암 수술을 받았고 부인과는 이혼을 했다. 2018년에는 뇌경색이 왔고 지금까지 치료를 잘 받고 있지만 요즘 들어 잠자리도 불편하고 잠을 자고 나도 몸이 개운하지 않다는 것이었다.

진단 후 처방은 2단계로 진행했다.

집안의 수맥을 찾아보니 이런 집은 처음이었다. 집 전체가 수맥으로 얽혀 있었는데 특히 의뢰인의 방은 완전히 수맥밭이었다. 그동안 의뢰인은 수맥 바로 위에서 매일 밤 잠을 잤던 것이다. 수맥파 차단이 시급해 생기 거북이 도자기로 수맥을 중화(차단)시켰다. 이어 집안 곳곳에 수맥을 잡은 다음 의뢰인 몸에 있는 사기(영가)를 초혼장으로 잘 모시는 것으로 1차 마무리를 했다.

2차 처방으로 할아버지 묘, 할머니 묘, 아버지 묘 등 조상 묘의 수맥을 중화(차단)시키고 좋은 기가 흐르는 명당자리로 비방을 해서 만들어 드렸다.

건강에 좋은 잠잘 때의 머리 방향

잠을 잘 자면 보약 먹는 것보다 더 좋다는 옛말이 있다. 풍수적으로 숙면을 취하게 하고 건강에 좋은 침대 머리 방향은 어디에 두어야 할까?

동쪽 방향은 해가 떠오르는 방위로 강한 상승 기운을 갖고 있어 시험을 앞둔 학생이나 승진을 하려는 직장인에게 좋으며, 재물운도 커지기에 장사하는 분들에게도 좋다.

서쪽 방향은 해가 저무는 방향으로 마무리를 상징하고 있어 휴식과 안정이 필요한 환자나 노인분들에게 바람직하다. 반면 젊은

이가 서쪽으로 머리를 두고 자면 게으르고 나태해지기 쉽다.

'좋은 집은 남향 집이다'라는 말이 있을 정도로 남쪽 방향은 햇빛이 잘 들고 겨울에도 따뜻하다. 그만큼 해의 기운이 강해서 정열적이고 강한 기운이 필요한 사람에게 좋다. 하지만 스트레스에 시달리고 예민한 성격에겐 맞지 않는 방위이다. 불면증에 걸리거나 충분한 수면을 이루지 못하기 때문이다.

북쪽 방향은 죽은 사람이 머리를 두는 방향으로 남녀노소 무조건 피하라고 하나 숙면에는 도움이 되는 방위이다.

한편 침실에 대형 전자제품이 있는 경우에는 잠자리 머리 방향을 전자제품 쪽으로 향하여 자는 일은 삼가야 한다. 오래도록 전자파에 노출되면 건강에 심각한 문제가 발생할 수 있다. 따라서 전자제품과는 반대 방향으로 머리를 두고 자거나 머리 쪽과는 먼 곳으로 옮기는 것이 좋다.

수맥은 미신이 아니며 통계로 보는 과학이다

제6장

사랑과 운명도
생기풍수로(희로애락)
해결한다

살아가며 사랑하고 때론 미워하며, 즐겁고 때론 화나는 게 인생 사일 것이다. 정도 차이가 있겠지만 우리 인간에게 희로애락은 매일 일상에서 겪는 기본적인 감정이다. 그러나 인간관계에서 사랑보다는 미움이 크고, 즐거움보다는 화나고 괴로운 사이라면 문제이다. 더구나 부부나 형제자매 등 가족 사이가 그렇다면 정말 힘든 일이다. 그냥 남이면 안보면 그만이지만 이러지도 저러지도 못해 혼자 속을 앓으며 끙끙대는 경우가 많다.

　미움, 증오, 시기, 질투, 분노 등으로 틀어진 인간관계도 생기풍수로 그 원인을 찾아 적절한 해결 방안을 제시할 수가 있다. 부부를 비롯해 부모 자식, 형제자매 등 가족 간에 심각한 실제 사례와 각각의 해결법을 소개한다.

30년 간의 가정불화 원인과 해결 방법

　대전에 사는 의뢰인은 부부 문제와 자녀 문제 모두 심각한 상황이었다. 지금까지 결혼 생활 30여 년 동안 편한 날이 없었으며, 아들 또한 성격 문제로 어렵게 군대생활을 하고 온 처지였다. 남편은 무기력한데다 툭하면 자식하고 동반 자살하자는 말을 서슴없이 한다. 평생 남편과 다투며 살아와 이혼 생각도 많이 했지만, 지금까지 참으면서 살고 있다고 했다.

이처럼 특별한 이유나 원인을 알기 어려운 자녀 문제, 부부 갈등 등의 가정불화는 영가 장애와 수맥파 영향으로 볼 수 있다. 대전 의뢰인의 경우에도 집에 수맥이 흐르고 있었고 가족 간에 갈등을 만드는 좋지 않은 사기(영가)가 집안에 머물고 있었다. 그래서 집안 구석구석 수맥을 탐사해 수맥파를 중화(차단)하였고, 초혼장을 통해 사기를 잘 달래서 좋은 곳으로 모셔드렸다.

누구나 행복하고 단란한 가정을 이루기 위해 최선을 다하지만 사람의 힘으로 안 되는 일이 많이 생기곤 한다. 이런 경우에는 수맥에서 나오는 수맥파와 사기(영가)의 나쁜 영향이 원인일 수 있으니 적절한 처방을 하여야 한다.

부친 묘를 명당으로 만든 후 부부금슬이 좋아진 경우

어느날 서울에서 지하철을 탔는데, 어떤 분이 아는 체를 하면서 반갑게 인사를 해서 보니 7~8개월 전에 부친 묘를 명당 처방해 준 김영수(가명) 씨였다. 그는 다른 분이 조상 묘를 명당 처방받았다는 이야기를 듣고 찾아와서 상담을 한 경우였다.

당시 김영수 씨는 어렵게 살고 있었으며, 형님 한 분과 동생 한 명이 있었다. 형님 내외분 역시 어렵게 살면서 이혼하려고 하는 상태였으며, 동생은 나이 40세가 되도록 장가도 못가고, 용역회사에 나가 막노동을 하며 평상시 술을 많이 마신다고 했다. 그나마 집을 나가서 1년이 넘도록 행방불명 상태라고 하였다.

그 이야기를 하면서 부친 묘의 명당 처방을 원했었다.

이후 날을 잡아 김영수 씨의 부친 묘를 찾아가 보니 역시 좋지 않은 곳에 있었다. 묘지 아래로 두 줄기의 수맥이 잡혀서 수맥을 중화(차단)해 주고 주위에 있는 명당 혈을 끌어 들여 명당으로 만들어 주었던 기억이 났다. 주위에 명당 혈이 있는 경우 이처럼 묘를 이장하지 않고도 명당 혈을 끌어 들여 명당으로 만들기도 한다.

하여간 반가워서 김영수 씨에게 요즈음 근황을 물어 봤다. 형님 내외분도 현재는 금슬 좋게 잘 살고 있고, 집을 나간 동생도 명당 처방 후 8일 만에 들어 왔다고 한다. 요즈음은 막노동이지만 착실하게 일하며 잘 살고 있다고 근황을 전해 주었다.

기분 좋은 만남이었고 풍수가로서 다시 한번 보람을 느끼게 된 시간이었다.

논 메운 곳에 집을 지은 후 멀어진 부부 사이 해결법

물이 많이 나오는 논을 메우고 집을 지었는데, 이후부터 집안에 자꾸 우환이 생기고 신랑과도 각방을 쓰며 사이가 멀어졌다고 한다. 몸도 안 좋은데, 혹시 그 이유와 해결책이 있을까 해서 상담을 요청했다.

특별한 다른 이유가 없다면 이런 경우 거의 수맥의 영향 때문이라고 본다. 더구나 물이 많이 나오는 논바닥 위에다 집을 지었으니 수맥밭 위에 사는 셈이다. 이 의뢰인 가족처럼 장시간 강력한 수맥파에 무방비로 노출되면 사람의 건강에 치명적일 수 있다. 신체뿐 아니라 정신 건강에도 악영향을 끼친다.

수맥파에 의한 공통적인 증상은 몸이 항상 피로하며 악몽을 꾸고 헛것이 보일 수도 있으며, 집중력이 떨어져 무슨 일을 제대로 하기 어려운 점을 꼽을 수 있다.

질병의 원인이 될 수도 있는 수맥파는 그 정확한 위치를 찾아 반드시 적절한 방법으로 차단하여야 한다. 그러나 사실 전문가가 아니라면 수맥을 찾는 것이 쉽지 않다. 간단하게는 육안으로 건물 벽의 금, 아스팔트 도로의 갈라짐이나 내려앉음 등으로 예측할 수도 있으나, 보다 정확하게 수맥을 찾는데에는 수맥탐사용 추(펜듈럼)나 L로드를 이용하는 방법이 있다.

수맥 측정에 대한 정확도는 그 숙련도와 사람에 따라 차이가 크다. 예로 역대 우리나라 수맥 분야 최고 권위자로 꼽혔던 고 임응승 신부님의 경우에는 땅속의 수맥의 방향과 깊이는 물론 수맥의 굵기와 수량까지도 정확하게 탐사함으로써 많은 사람을 놀라게 했다.

이사 후 바람난 남편을 위한 해결법

의뢰인은 27년 전 재혼을 했는데 재혼하기 전에 각자 딸과 아들이 있었다. 재혼하여 딸을 낳고 잘 살고 있었는데 3년 전에 새로운 집으로 이사를 하고부터 계속 문제가 생겼다. 남편이 바람을 피우고 급기야 집에까지 내연녀를 데려오고, 한 번 술을 마시면 밤새도록 마시며 아주 녹초가 되어야 끝난다고 한다. 아들 딸 할 것 없이 가족들 간에도 사소한 일로 싸움도 잦다고 했다.

집에 가서 보니 수맥이 흐르고 있었고 남편에게는 사기(영가)가 들어 있었다. 그 영가의 장난으로 부끄러운 일을 해도 잘 모르고 자꾸 이상한 행동을 하는 것이다.

이후 날짜를 잡고 가족의 기 치료와 함께 영가를 위한 초혼장를 하여 좋은 곳에 모셔드리고 수맥도 잡아 드렸다.

무능력하고 말 없는 남편, 가출하는 아들을 위한 해결법

56년생인 의뢰인은 결혼하기 전에는 별 문제가 없었는데 결혼 후 아들을 낳고부터 문제가 생겼다고 한다. 좀 있으면 나아지겠지 하고 참으며 지금까지 살아왔다며 오랜 기간 참아온 설움에 복받쳐 펑펑 눈물을 쏟기까지 했다.

남편하고 평생 대화라고는 해본 일이 없고, 지금까지 가정생활도 의뢰인이 벌어서 꾸려왔다는 것이다. 거기다 남편은 무속인의 집에 자주 들락거리며 걸핏하면 의뢰인에게 귀신이 붙었다고 마구 때리며 굿을 해야 한다고 해서 굿도 여러 번 했다. 최근엔 아들도 자주 가출하고 몰골이 이상하다고 한다.

너무 괴로워 남편에게 이혼을 하자고 해도 막무가내로 못해 주겠다고 하면서 걸핏하면 집을 나가는데 상담할 당시에도 남편은 가출 중이었다. 그런 와중에도 의뢰인은 식당을 꾸려가면서 살아오고 있었다. 참으로 누구한테 터놓고 말하기도 곤란한 이야기라 혼자 속을 끓이며 살아온 세월만 30여 년이라고 하며 참아 왔던 눈물을 펑펑 쏟았다. 그동안 얼마나 힘들고 괴로웠을지 짐작이 간다.

의뢰인은 평생 마음에 많은 상처를 받으면서 살았고, 육체적으로도 무척 힘들었다. 가정에서 즐겁고 재미있고 행복하게 살아야 하는데 평생 말 한마디 편히 못하고 고통 속에서 살아오고 있었다.

참고로 물었더니 시어머니는 오래 전에 돌아가셨고, 13년 전에는 시아버지도 교통사고로 돌아가셨는데 49제만 드렸다고 한다. 현재 의뢰인도 심한 우울증이 있고 남편과 아들 모두 사기(영가)의 영향을 받고 있었다. 거기다 의뢰인의 시아버지, 시어머니 묘도 수맥 자리에 있었다. 시아버지는 천도가 되지 않은 상태로 있으며 집안에도 영가가 머물고 있었다. 의뢰인이 하는 식당 또한 출입구 쪽에 수맥이 흘러 좋은 기운이 들어 갈 수 없는 구조였다.

그래서 의뢰인 남편과 아들 모두 각각 기 치료를 하고 아들과 남편에 붙은 영가들을 초혼장으로 잘 모셔 좋은 자리에 안치시켰다.

다음으로 시아버지, 시어머니 묘의 수맥은 생기 도자기로 중화(차단)시켜 주었다. 식당의 출입구 쪽 수맥도 정확하게 막아준 다음 좋은 기가 들어 갈 수 있도록 했다.

만나면 편한 사람, 불편한 사람

우리는 매일 많은 사람을 만나고, 때로는 의지하고, 어떤 때는 사소한 다툼도 생기게 된다. 만나면 편안한 사람이 있는가 하면, 만나면 불편하고 힘든 사람이 있다.

어떤 사람은 즐거움을 주는데, 어떤 사람은 슬픔과 고통을 안겨 주기도 한다. 우리는 저마다 인연 따라 만나지만, 나에게 맞는 사람, 좋은 사람만 만날 수는 없다.

살아가면서 마음 편한 사람은 부정적인 사람보다, 돈 많은 사람보다, 잘난 사람보다, 많이 배운 사람보다 긍정적인 사람, 건강한 사람, 겸손한 사람, 유머가 많은 사람이다. 이러한 마음 편한 사람이 가진 좋은 기운은 자신의 노력도 필요하지만 조상님의 명당자리에서 나오는 발복의 힘에서 생기는 것이다.

만나면 서로 신뢰하며 편안해야 하는데 서로 의심하고 질투하며 불편한 사이라면 나의 건강과 일에도 결코 도움이 되지 않을 것이다. 명당에 계신 조상님들의 발복을 받는 좋은 기운을 가진 분들을 만나야 서로 유익하고 발전적인 좋은 관계가 형성된다.

수맥은 미신이 아니며 통계로 보는 과학이다

제 7장

생기풍수 의식행위만
잘 다루어도
인생의 기운이 달라진다

영혼을 불러 장례를 치르는 초혼장, 영가(귀신)를 물리치는 퇴마의식 등의 행위를 믿든 말든 저마다 자유이다. 그러나 매일 직접 의뢰인을 만나 그들의 고통을 듣고 집과 산소를 탐사하며 빙의에 걸린 이에게서 기 치료 의식을 통해 영가를 빼내어 달래고, 초혼장를 통하여 다시 좋은 곳으로 보내는 건 엄연한 현실이다. 또한 그런 의식행위 전과 후의 극명하게 달라진 의뢰인을 보면 분명히 영가는 존재한다는 것이다. 우리는 영가가 여러 가지 방법으로 자신의 존재와 의사를 드러내는 경우 그 의미를 분명하게 해석하고 그에 대한 현명한 대처가 필요하다. 만약 그에 대한 부적절한 대응이나 아예 무시한다면 그로 인해 화를 입을 수도 있다.

　이번 장의 주된 내용은 그간 영가(사기)로 인해 문제가 발생한 사례들과 이를 해결하기 위해 진행한 의식행위들에 관한 내용이다.

초혼장을 아시나요?

　초혼장招魂葬이란 무엇이고, 왜 어떻게 해야 하는가?
　초혼장을 포털에서 검색해 보면 죽은 사람의 혼을 불러들여 지내는 장례로 시신을 찾을 수 없는 경우, 생시에 입던 의복 따위를 가지고 장례를 치르는 것이라고 되어 있다.

초혼장은 일종의 장례의식으로 돌아가신 분의 혼을 불러 장례를 해 드리는 엄숙한 의식이다. 천도薦度(불보살에게 재齋를 올리고 독경, 시식施食하는 따위)가 되지 않고 사연이 많아 이승을 떠도는 혼을 불러 생기 단지에 모셔 좋은 곳, 좋은 기운이 나오는 명당에 모시기 위한 행위이다.

예를 들면 조상님이 자주 꿈에 보이는 경우에는 조상님이 계신 묏자리에 문제가 있거나 그곳이 불편하다는 의미이다.

그럼 어떻게 해야 할까?

가장 먼저 조상님이 계신 곳의 묘를 점검하여 수맥이 흐르는 수기水氣(촉촉한 물의 기운) 터에 계신지, 귀기鬼氣(무서운 기운) 터에 계신지를 보고 나서 조상님을 불러 어디가 불편하신지 여쭈어 보고 불편한 점을 바로 잡아 주면 된다. 즉, 이때 초혼장이 필요하다.

조상님의 혼을 좋은 명당에 모셔드리면 발복發福이 되어 조상의 좋은 기운을 받아 그 자손에게 좋은 복이 돌아오게 된다. 그래서 초혼장을 하는 것이다. 초혼장을 잘 하게 되면 조상의 후손이 동기감응同氣感應을 받아 명당 자손이 될 수 있다. 특히 자녀들을 위해서 반드시 해 드리는 것이 좋다.

안 좋은 기운의 사기(영가)가 집이나 사무실, 가게에 머물면 되는 일이 없으며 몸이 아프고 삶이 고달프다. 멀쩡하던 사람이 갑자기 시기 질투를 하며 특별한 이유도 없이 확 변했을 때는 사기(영

가) 때문인지 의심을 해 봐야 한다.

영가로 인해 육체적 고통으로 불면증, 악몽, 가위눌림, 두통, 어깨·허리·무릎 통증, 심장 통증, 무기력증, 알코올 중독, 소화불량 등의 증상을 겪을 수 있다. 정신적으로도 분노조절 장애, 사이코패스 성향, 우울 증상이나 잦은 가출 충동, 환청, 자살 충동을 느낀다. 그러나 대부분 사기로 인한 증상의 경우에는 병명도 알기 어렵고 약물치료도 잘 되지 않는다.

육체적·정신적 고통뿐만 아니라 경제적으로도 심각해진다. 뜻하지 않게 구설수에 오르내리며 송사에 휘말리고 일이 자꾸만 수포로 돌아간다. 자영업자의 경우에는 갑자기 가게에 손님이 끊기거나 또한 지출이 많아져 가세가 급속도로 기울기도 한다.

이런 경우 사기 때문인지 파악하고 초혼장을 통해 좋은 곳으로 모시면 집 안팎으로 모두 편안해지는 경우가 많다. 조상과 후손의 체질이 같기에 조상 묘에서 나오는 기운이 그 후손들에게 전해져 후손들의 길흉화복을 좌우한다는 '동기감응' 이론은 최소한 3~4대 조상, 즉 증조부까지 해당이 된다.

내 몸에 영가가 들어왔을 경우 해결법(빙의에 걸렸다면)

① 영가란?
사람이 사는 곳은 이승이고 죽으면 저승으로 가야 하는데, 저승으로 가지 못하고 이승에서 떠도는 원혼을 영가靈駕(또는 귀신鬼神)

라고 한다.

　사람은 육체와 정신을 가지고 있으며 두뇌에 모든 정보를 입력하고 그 정보에 따라 스스로 옳고 그름을 판단하고 행동을 한다. 그런데 영가(사기)는 인간과는 다르게 육체가 없고 정보를 저장할 두뇌가 없기 때문에 정보 활동이나 스스로 판단하여 행하는 것이 사실상 불가능하다. 단 생전에 살면서 자신에게 일어난 일만 기억하지 그 외에는 사람과 다르다고 볼 수 있다.

　영가(사기)라도 별다른 원한이 없으면 되는데 문제가 되는 것이 다음과 같이 한 맺힌 영혼이다.

- 낙태로 인하여 죽은 낙태영아 영가
- 태어나서 얼마 되지 않아 간 청춘 영가
- 장성하여 결혼 적령기를 앞두고 간 몽달 영가
- 타향이나 타국에서 객사한 영가
- 천재지변이나 전쟁, 인재 등의 불의의 사고로 간 영가
- 원한 맺힌 원혼 영가 등

　이런 영가들은 저승으로 가지 못하고 이승을 헤매고 다니는데 사람과는 달리 사고가 없으며 통제력이 부족하다. 특히 살아 생전에 맺힌 원한은 반드시 갚고 말겠다는 일념뿐이기 때문에 끈질기고 줄기차게 원한을 갚으려고 한다.

② 빙의란?

영적으로 약한 사람의 몸에 영가가 들어가는 것을 빙의라고 한다. 그런데 사람이 빙의가 되면 자신의 의지와는 달리 이상한 행동을 하게 되고 몸에 들어 온 영가(귀신)의 조정을 받게 된다. 시간이 지나면 얼굴 형태가 일그러지고 괴물 형상으로 변한다.

사람 몸에 들어간 영가에 따라 이상 증상도 다르게 나타난다. 예를 들면 일찍 죽은 청춘 영가일 경우 살아 생전에 해 보지 못한 행동들을 하며 일상생활을 방해한다. 만약 결혼을 하더라도 이혼 또는 사별을 하거나 큰 병을 가져와 가정을 파괴해 버리기 십상이다. 대부분 비명에 간 영가는 그 자리에서 자신만 억울하게 죽은 것 같아 다른 사람들도 그렇게 되기를 유도하여 그 한을 풀려고 한다. 때문에 익사사고가 난 저수지에서 또 익사하고, 교통사고가 나던 곳에서 꼭 사고가 나는 법이다.

아무튼 영가는 사람에게 육체적으로, 경제적으로 심각한 문제를 주고 정신적으로 피폐하게 만들기 때문에 반드시 좋은 곳으로 인도해야 한다.

다음은 영가로 인해 사람이 얼마나 망가질 수 있는지 알려주는 사례이다. 의뢰자는 54세 된 남자로 24살부터 술을 먹기 시작했다. 그런데 한 번 먹으면 날이 밝든지 말든지 쓰러질 때까지 마시는 스타일로, 술 마시고 여러 번의 사고를 쳐서 그 지역에서는 아주 유명한 인사였다.

알코올 중독 치료병원에서 1년 6개월 동안 치료를 받고 나와서 바로 그 다음날 술을 먹고 또 사고를 칠 정도로 모두가 포기한 사람이었다. 그러나 이 사람은 24살 때 몸에 들어 온 영가(사기) 때문에 이전에는 입에도 대지 않던 술을 매일 먹게 된 것이다. 가족 등 주위 사람들도 괴롭지만 영가(사기)로 인해 본인 자신의 몸과 마음도 너무 망가진 상태였다.

수소문을 듣고 가족과 함께 찾아온 그를 보니 몸에 영가(사기)가 들어와 있음을 알 수 있었다. 몸 안의 영가를 빼내는 기 치료와 함께 초혼장으로 모신 다음 좋은 곳으로 보내 주었다. 이후 환자를 위해 기를 통한 치료를 2회 진행했는데 크게 호전되어 가는 중이다.

③ 다양한 영가의 종류

사람 몸에 들어오는 영가는 여러 종류가 있다. 사람 몸에 들어왔다 나갔다 하면서 고통을 주는 영가, 사람 신체 어느 부위 특정한 곳에 둥지를 틀고 특정 부위에 고통을 주는 영가, 앞서의 예처럼 사람을 꼬드겨 그 사람의 몸을 빌려서 대신 술을 먹기도 하는 알코올 중독 영가, 잠을 자면 들어오고 잠에서 깨어나면 몸에서 나가는 영가로 수면 장애를 일으키는 영가, 몸에는 들어오지 않고 주변을 계속 맴돌며 괴롭히는 영가로 주로 친인척 등 가족 영가인 경우가 많다.

④ 영가가 들어 왔을 때 어떻게 해야 하나

무조건 영가를 몸에서 내보내야 한다. 대부분 영가는 사람이 살아가는데 좋은 영향을 주지 않는다. 간혹 연예인, 음악가 등 이름난 사람으로 만들어 주기도 하고 재물이 많은 사람으로 만들어 주기도 하지만 결국 비참하게 망가뜨리고 만다.

일단 빙의가 되면 나의 존재를 잊어버리고, 영가의 뜻대로 조정당하고 완전히 다른 사람이 되어 살아가는 것이다. 이를 오래도록 방치해 두면 주위 가족을 힘들게 하는 건 물론 본인의 심신이 심각한 상태로 망가질 수 있다. 때문에 몸 안에 영가가 들어와 빙의 증상이 나타난다면 즉시 몸에서 영가를 빼내야 한다.

⑤ 몸에 들어 온 영가를 빼내는 의식, 구마 또는 퇴마

어떤 의식이나 행위를 통해 사람이나 사물에게서 악마를 내쫓는 것을 가톨릭에서는 구마의식이라고 한다. 가톨릭 교회 교리서 1673항에서는 '교회가 어떤 사람이나 물건이 마귀의 세력으로부터 보호되고 마귀의 지배에서 벗어나도록 예수 그리스도의 이름으로 공적인 권위를 가지고 청하는 것을 구마Exorcism, 驅魔라고 한다'고 정의하고 있다.

악령이 들린 부마자付魔者에게서 악령을 쫓는 것을 '구마예식(장엄구마)'이라 하며 주교에 의해 인정받은 '구마사제'만이 의식을 행할 수 있다. 귀신(영가)이 없다고 하지만, 가톨릭에서도 그 존재를

인정하고 있는 것이다. 귀신은 우리와 함께 살고 있다.

구천을 떠도는 억울하게 죽은 영가, 한이 많은 영가, 죄를 많이 지은 영가들은 모두 살아 있는 사람들에게 해를 주기에 초혼장이나 천도제를 통해서 좋은 곳으로 보내야 한다.

영가가 사람에게 주는 영향

생기풍수학 측면에서 보면 명당에 묻혀 편안하게 영면하시는 분 외에 흉지에 묻혀 있거나 수맥 자리에 묻혀 있어 유택幽宅(묘지)이 불편하여 뛰쳐나온 조상 영혼들도 후손들 몸에 붙어 괴롭히는 영가들이다.

이런 조상 영가를 비롯해 영가가 집에 있거나 주위에서 머물면 맑은 정신을 유지할 수가 없게 되므로 계획했던 일들이 차질이 생기며 다툼이 많아지고 재수 없는 일들이 연속된다. 빙의가 된 채 수년이 지나면 각종 질병이 생기기 쉽고 병을 달고 살 수밖에 없다.

혹자는 지금 언급하는 영가니 귀신이니 하는 존재를 무시하고 없다고 할 수도 있겠지만 일찍이 정신분석학자인 '프로이트'와 그의 제자 '칼 융'은 무의식 세계에는 종류 미상의 많은 귀신들이 살고 있으며 그 귀신들의 장난으로 신경증神經症이 생기고 정신병이 발생한다고 밝힌 바가 있었다.

세계보건기구에서도 역시 '정신질환에 관한 증상과 그 치료 방안'을 설명하면서 '일반적인 정신질환으로 치료가 불가능한 환자가 있다'고 언급하고 이들을 치료하는 방법으로 영적 치료를 해 주어야 한다고 하였다. 또한, 독일 의학계에서도 정신질환의 70퍼센트 정도가 귀신의 접신에 의하여 일어나는 현상이라고 발표한 적이 있었다.

① 집안에 머무는 영가로 인해 나타나는 피해

- 매사 하는 일이 잘 안 풀린다.
- 자녀들의 혼사가 잘 되다가도 안 이루어지는 경우가 있다.
- 잘 되는 사업이 갑자기 어려워질 수가 있다.
- 집안에 관재수와 우환이 계속 생긴다.
- 우울증이 생기며 심지어는 자살까지 하는 예가 있다.
- 돌아가신 동네 분들이나 조상님이 꿈에 자주 나타난다.
- 악몽을 비롯해 자주 꿈을 꾼다.
- 가족들 간 이유 없이 자주 말다툼을 하고 싸운다.
- 어느 날부터 갑자기 가족 중 한 명이 이유 없이 가출하거나 이해 못할 행동을 한다.
- 잠자면서 가위에 자주 눌리고 귀신을 보거나 혼자 대화를 한다.

② 집안의 영가에 대한 비방은?

조심해야 하는 것은 집안에 있는 영가는 언제든지 사람 몸속으로 들어갈 준비가 되어있는 아주 위험한 존재들이라는 점이다. 그러므로 영가를 퇴마하고, 초혼장을 해야 하며 경우에 따라서는 천도재를 지내야 한다.

③ 몸속에 들어온 영가로 인한 피해

몸 밖의 영가보다 내 몸 안으로 영가가 들어오면 문제는 더욱 심각해진다. 순수한 내 영혼에 뜻하지 않게 다른 영가가 들어오면 영혼이 혼탁해진다. 또한 무의식 속에 혼란스러워지며 판단력이 흐려지기 때문에 모든 일들이 잘 풀리지 않고 재물 손해를 많이 볼 수도 있다. 몸 안에 영가로 인해 나타나는 증상들이다.

- 까닭 없이 시름시름 앓기 시작한다.
- 몸이 마르고 허약해지면서 사지가 쑤시고 뒤틀린다.
- 심장통증, 위, 장이 아프고 여러 부위가 동시에 아프기도 한다.
- 밥을 먹지 못하고 물만 마시거나 냄새나는 생선, 육류는 먹지 못하고 소화가 잘 안 된다.
- 꿈을 자주 꾸고, 꿈속에 조상이나 산신들이 나타나며 평상시 혼자 중얼거리며 산이나 들을 헤매고 다닌다.
- 병원에 가도 병명을 알 수 없고 치료를 하면 더욱 악화하는 경우가 있다.
- 매일 술을 먹게 하거나 성적 충동을 자주 느끼게 한다.

하지만 주의가 필요한 것이 빙의된 경우와 일반 정신질환자의 증상이 유사하여 구분이 어렵다는 점이다. 어떻게 구별할 수 있을까?

일본 동방대 다카하시신고 교수는 '빙의는 자기가 아닌 다른 사람의 영혼이 들어와서 들어온 영혼의 사람으로 바뀌는 것이다'라고 정의하였다. 그러므로 당연히 몸에 들어 온 영가는 몸 밖으로 내보내는 퇴마의식을 해야 하며, 초혼장으로 편안한 곳으로 모셔야 한다. 그래야만 영가도, 영가가 들어왔던 몸도 모두 편안해지는 법이다.

시험장에서 갑자기 눈이 안 보인 이유

우리는 육체적으로나 정신적으로 힘들 때 자신도 모르게 신을 찾게 된다. 어느 날 여자 두 분이 찾아왔다. 두 분은 친구 사이로 강원도 원주에 사신다고 했다.

두 명 중 한 명이 갑자기 눈이 안 보이게 되었다며 사연을 이야기 했다. 그동안 요양보호사 자격증을 취득하기 위해서 공부를 열심히 해서 자격시험을 보게 되었는데 시험 당일 본인이 직접 운전을 하고 시험장까지 잘 가서 시험지를 보는 순간, 갑자기 눈앞이 침침해지고 글씨를 도저히 읽을 수가 없게 되었다는 것이다. 결국 시험을 볼 수가 없어 백지로 제출하고 말았다고 한다.

자신도 모르게 입에서 '오, 하나님 도와주세요, 눈이 보이게 해

주세요'를 외쳐 보았지만 그때부터 내내 앞을 제대로 볼 수가 없게
되었다. 눈이 침침한 정도가 아니라 자동차 운전도 할 수 없을 만
큼 거의 앞이 보이지 않았다고 한다. 그래서 할 수 없이 친구에게
전화해 시험장으로 와달라고 해서 친구가 운전하고 집으로 가던
중이었다. 그러다 불현듯 일전에 네이버 블로그를 본 기억이 나서
곧바로 연락을 했다고 한다.

　　의뢰인에게는 무슨 연유인지는 몰라도 몸에 사기가 들어와 있
었다. 몸에 들어온 영가는 마치 피가 혈관을 타고 온몸을 다니듯
몸 구석구석 떠돌아다니며 심술을 부리거나 장난을 치며 사람에게
고통을 주고 곤란에 빠트리곤 한다. 이번에 몸에 둥지를 틀고 있는
영가는 시험을 방해하기 위해서 눈 쪽으로 옮겨 앉아 앞을 잘못 보
게 했던 것이다.
　　이렇듯 영가가 사람 몸속에 들어오면 자신의 의지와 관계없이
엉뚱한 생각과 행동을 하게 된다. 즉 몸과 마음까지 영가에게 빼앗
기게 된다.
　　평생 동안 살면서 늘 건강하고 적당한 재물을 가지고 장수하게
되면 얼마나 좋고 행복할까? 이렇게 평생 좋은 기운을 가지고 살아
가려면 조상님들이 편안하게 영면해야 가능하다. 만약 그렇지 못
하다면 불편하신 조상님에 의한 좋지 않은 일들이 일어날 수도 있
다.
　　이번 의뢰인과 상담을 하면서 조상님의 묏자리를 여쭈어 봤더

니, 원주 공원묘지에 모셔져 있다고 해서 진단을 해보니 수맥자리에 모셔져 있었다. 그래서 초혼장으로 편안하게 모셔드렸더니 놀랍게도 의뢰인은 즉시 앞이 훤하게 잘 보인다고 했다.

참으로 신기한 일이 아닐 수 없다. 의뢰인이 빨리 온 것도 잘한 일이다. 시간이 경과할수록 앞이 잘 안 보이는 게 고질화되어 장기간 방치하면 영영 앞을 못 볼 수도 있기 때문이다.

인간은 나약하기 짝이 없다. 우리는 육체적으로나 정신적으로 힘들 때 신을 찾게 된다. 하지만 평소 조상님 묏자리를 잘 돌보며 모시는 것이 생기감응을 받아서 무병장수하고 모든 일들이 잘 풀리게 하여 행복한 삶을 영위하는데 도움이 될 것이다.

딸꾹질, 어깨 통증, 매운 고추 좋아하는 식성은 영가의 장난이다

어느날 70세가 넘는 할머니가 겨우 지팡이를 짚고 상담하러 오셨다. 할머니는 병원에 가서 진찰을 받고 MRI와 CT를 찍어도 별다른 이상 증상이 없는데 한쪽 다리가 아프고 집안에 되는 일이 없다고 하셨다. 자식도 잘 풀리지 않고 빚만 늘어나서 파산선고를 받아야 할 지경이라고 했다. 남편은 오래전에 돌아가셨고 자식에게 의지하면서 살고 있는데 그 자식은 장가도 못 가고 사는 게 재미없고 귀찮다고 하면서 신세 한탄을 하신다.

할머니의 남편과 시부모 묏자리를 보니 수맥이 흐르고 흉지에 모셔져 있었다. 그래서 한 분 한 분 모두 초혼장으로 잘 모셔드렸다. 이어 할머니 몸을 보니 영가가 있어 기 치료를 하고 초혼장으로 모셔드렸다. 처방 후 할머니는 금세 다리가 아프지 않다고 하시면서 기분 좋게 가셨다.

이러한 사례들은 비일비재하다.

어떤 분은 보름 이상 딸꾹질을 하였는데 그에게 영가가 실려 있었다. 몸에 있는 영가를 초혼장으로 모셔드렸더니 이내 딸꾹질이 멈추기도 하고, 어깨가 아파서 손을 위로 들어 올리지도 못하는 사람이 손을 번쩍번쩍 들기도 한다.

어떤 여자 의뢰인도 조상 묘에 수맥이 흐르고 묏자리가 좋지 않았다. 조상분들을 초혼장으로 모셔드리고 조상 묘도 비방을 하였다. 또 몸에도 영가가 있어 기 치료를 하고 영가를 초혼장으로 잘 모셔주었더니 몸에 이상한 변화가 생겼다. 그동안 그분은 여자임에도 매운 고추를 잘 먹었다. 남자들도 먹기 힘들어 하는 엄청나게 매운 청양고추를 항상 식사할 때 같이 먹어야 개운하다고 했었는데, 영가를 초혼장으로 모시고 부터 매운 음식을 거의 못 먹게 되었다. 고추를 좋아하는 영가가 몸에서 빠져 나갔기 때문이다.

이렇게 이유 없이 몸의 특정 부위가 아프거나 특이한 식성 등은 영가의 장난일 수 있다. 때문에 조상의 묏자리가 중요하다. 동기감응, 친자감응, 생기감응이 잘 되면 이런 일은 일어나지 않는다.

이혼도 영가의 장난일 수 있다

최근 우리 사회에 이혼이 급증하면서 전통적인 가족제도 붕괴를 우려하는 목소리가 높아지고 있다. 2021년 한 해 동안 19만 2,507쌍이 결혼하고 이에 약 53퍼센트에 해당하는 10만 1,763쌍이 이혼할 정도로 이혼율이 높아졌다.

그런데 이혼한 경우를 보면 대개 남녀 둘 중에 어느 한쪽에 반드시 영가가 있다는 것이다. 그동안의 상담 사례를 보아도 부부가 살다가 영가 없이 이혼하는 경우는 없었다. 예를 들어 남자에게 여자 영가가 들어 왔을 때, 남자 몸속에 있는 여자 영가는 본인의 남편으로 생각하고 있는 것이다. 이렇게 되면 여자 사기에게 조종을 당하는 남자는 어느 날부터 자기 아내를 싫어하게 된다. 사소한 일로 다툼이 일어나고 나중에 크게 싸우다가 결국은 성격 차이다 뭐다 하면서 이혼을 하게 만드는 것이다. 또는 다른 제 3의 살아있는 다른 남자를 꼬드겨서 그 아내와 바람을 피우게 만들어 이혼을 하게 한다.

반대로 여자인 아내에게 남자 영가가 들어와서 남자에게 했던 것과 같은 방법으로 일을 저지르고 결국은 이혼을 하게 만드는 것이다. 모든 게 영가들의 장난이다.

이렇게 하여도 이혼을 안 하면 영가는 상대 남자 또는 여자를 실족사, 교통사고, 질병, 자살 등을 유도하여 죽게 만들어 부부 사이를 사별시키기도 한다. 몇 번 이혼을 했느니, 사별을 했느니 하는 이야기들은 모두가 영가의 장난임을 알아야 한다.

알코올 중독자인 조카를 위한 영적 처방

술 중독은 치료하지 않으면 신체적인 합병증과 알코올성 치매 등의 심각한 정신 질환을 일으켜 죽음에 이르게 되는 치명적인 질병이다. 또한 술 중독 환자가 일으키는 문제로 가족들까지 고통 받는 가족병이기도 하다. 술 중독 환자는 증상이 악화되기도 하고, 호전되기도 하며 그 정도가 반복되는 경향이 있다.

그러나 이보다 더욱 문제가 심각한 경우는 일반적인 술에 중독된 사람 말고 몸 안에 영가(사기)가 들어가서 영가(사기) 때문에 자기도 모르는 사이에 술을 먹게 되고 중독이 되는 것이다.

창원에 사는 51세 남자의 경우이다. 술 중독으로 병원에 1년 넘게 입원했다 퇴원을 하는 날 또 술을 먹고 다툼이 생겨 경찰서에 다녀왔다는 것이다.

좀 더 자세한 얘기를 들어보니 20살 때부터 시작된 술이 중독이 되어 정상적인 생활을 못한다는 것이다. 이웃과는 싸움과 다툼이 끊이지 않고, 병원에 입원과 퇴원을 반복하며 장가도 가지 못한 채 50 평생을 살고 있다고 했다.

그의 아버지, 어머니는 경기도에 살고 있고 할아버지 묘, 할머니 묘를 물어 봤더니 할아버지는 6.25 전쟁 때 나가서서 살아 계신지 돌아가신지 모른다고 하시고, 할머니는 돌아가신지 오래 되어 파묘해서 강가에 뿌려 드렸다고 한다.

이 50대 남자가 알코올 중독이 된 건 조상님의 산소에 탈이 났고, 몸에 영가가 들어와서 장난하는 바람에 생긴 일이다.

치료를 위해 집에 흐르는 수맥을 먼저 파악한 후 술 중독된 환자의 몸에 기 치료를 해주었다. 마지막으로 할아버지, 할머니를 초혼장으로 생기 유골함에 모셔 좋은 곳으로 보내 드렸다.

강력한 치료의 힘은 바로 그 자리에서 증명이 되었다.

술을 컵에 따라 주면서 마시게 하였더니 그렇게 주야장천晝夜長川 마셔댔던 술맛이 무슨 맛인지 모르겠다며 뱉어 내었다. 당연한 일이다. 그동안 몸 안에 있었던 영가(사기)가 나갔으니 술맛을 몰랐던 원래의 자신으로 돌아온 것이다.

직원이 새로 온 후 장사가 안 되는 까닭

지인이 운영하는, 장사가 잘 되던 맛집 식당이 어느 날부터 갑자기 장사가 잘 안 된다는 하소연과 함께 상담을 하였다.

서울 근교에 있는 식당으로 근교에서도 맛집으로 소문이 나서 매출이 엄청나게 많았다. 그런데 요즈음은 경기가 좋지 않아서인지 매출이 갑자기 줄어들고 심지어는 적자가 날 정도로 장사가 안 된다는 것이다.

그 지인은 조상 묘도 좋은 명당 자손이고, 지금 사는 집도 명당에 있고 식당도 명당이여서 아주 좋은 기운을 받으며 잘 되는 식당이었다. 그런데 갑자기 손님이 끊기고 장사가 안 된다고 하니 의아하기만 했다. 즉, 안 될 이유가 없기 때문이다.

그래서 혹시나 마음에 짚히는 바가 있어 직원들이 몇 명이냐고 물으니 7명이란다. 그 이름을 다 쓰고 한 명 한 명 진단을 해 보니 식당에서 서빙하는 아주머니 한 분의 몸에 영가(사기)가 침범해 있었다. 이 아주머니가 들어온 날과 장사가 안 되기 시작한 날을 따져보라고 했더니 바로 그 아주머니가 일하기 시작한 때부터 손님이 뚝 떨어졌다는 것이다.

그 아주머니 몸에 있는 영가(사기)로부터 사기가 나오고 있어서 잘 안 되는 것이라고 설명하고 그 분께는 좀 안 된 일이지만 식당 일을 그만두게 하라고 했다. 지인에게서 10여일 후에 다시 전화가 왔다. 그만두게 한 아주머니를 다시 써야겠다고 한다. 손님이 다시 많아지면서 사람을 구하려고 해도 도저히 구해지질 않는다는 것이다.

그래서 채용하더라도 처방이 필요하다고 알려주었다. 이후 그 아주머니가 식당으로 출근하기 전에 몸에 붙어 있는 영가를 초혼장으로 정중히 모셔드렸다. 지금은 식당에 그 분이 출근해서 일하고 있지만 예전과 마찬가지로 식당은 손님들로 붐빈다고 한다.

영가 때문에 운수사업이 부진하고 사고가 일어난 경우

일산에 사는 젊은 부인인데, 아이들이 어려서 하도 뛰어다니는 바람에 아파트에서 언덕에 있는 지금의 1층 집으로 이사를 했다고 한다. 요즘은 아이들이 있으면 층간 소음 때문에 이웃 간에 다툼이 많으니 이해가 되었다.

그러나 이사를 하고 나서 일이 자꾸 꼬이고, 가족들이 여기저기 아프고 돈 나가는 데는 많아지고 무척 힘들다고 했다. 그래서 좋은 비방이 있을까 하여 상담을 하게 되었다고 한다.

방문을 해서 자세한 이야기를 들어보니 남편은 큰 화물차를 가지고 콜을 받아 운수업을 하고 있었는데 이곳으로 이사한 후 이상한 일만 자꾸 생긴다고 했다. 남편은 화물차 운전경력만 17년인 베테랑으로 3대의 스마트폰을 통해 콜 주문을 받는데 이상하게 콜이 들어와도 늦어 번번이 놓치기 일쑤고 꼼꼼하게 짐을 잘 싣고 가다가 무너지는 일도 여러 번이었다고 했다. 특히 차에 실린 무거운 공작 기계가 넘어져 자칫하면 큰 사고가 날 뻔한 적도 있었다고 한다.

모두 영가(사기)의 장난이었다. 먼저 화물차에 가서 봤더니 여자 영가와 남자 영가가 보였고, 집에도 역시 영가가 있었다. 그래서 즉시 의뢰인의 집과 화물차에 있는 영가를 천도해 주고 초혼장으로 좋은 곳에 모셔드렸다. 그리고 집에는 다행히 수맥은 없었지만 생기가 없어 생기 도자기로 명당 처방을 해주고 좋은 기운이 들어오는 걸 L로드로 확인시켜 주었다.

부인 곁을 떠나지 못하는 남편 영가

이번 상담자는 울산의 조선소에서 일한다는 60대 중반의 여자분이다. 재혼한 남편은 10여 년 전에 돌아가시고 단독주택을 구입해서 이사 온 지 약 4년이 되었다고 하였다.

의뢰인은 이곳에 이사 온 후부터 잦은 사고가 나고, 밤에 잠도 잘 자지 못한다고 했다. 최근엔 집에서 넘어져 다리에 큰 골절상까지 입고, 어깨도 무겁고 아프다고 했다. 의뢰인에게 자세한 상담을 위해 사진을 보내달라고 했다.

사진을 보니 집안에 수맥이 흐르고 좋은 기운이 없었다. 그리고 돌아가신 남편은 평소에 무척 다정다감하였는데, 그래서 그런지 남편 영가가 이승을 떠나지 못하고 의뢰인의 곁에 머물러 있으면서 아프게 하고 있었다.

이후 댁으로 가서 L로드로 집안 구석구석 수맥을 탐사하며 수맥 있는 모든 곳을 찾아 생기 도자기로 처방을 하고, 그 다음 아픈 의뢰인을 위해 기 치료를 해 주었다. 의뢰인의 남편분은 초혼장으로 모신 후 가까운 산에 모셨다.

그로부터 1달 후에 전화가 왔다. 의뢰인이 말하길 얼마 전 꿈을 꾸었는데 흰말이 하늘을 향하여 날아오르는데 눈부셔서 보질 못할 정도의 빛이 나면서 사라졌다고 했다. 이 꿈을 꾼 후 의뢰인의 몸은 거짓말처럼 싹 나았다고 한다.

원래 의뢰인하고 재혼한 남편분은 늦게 만난 사이었지만 서로 마음 깊이 사랑하고 아껴주며 열심히 살았었는데 갑자기 깊은 병이 들어 돌아가셨다고 한다. 그렇게 돌아가신 후에도 워낙에 아내를 사랑했던 마음이 크고 깊었기에 부인 곁에서 떠나지 못하고 있었다.

이제 남편분은 좋은 곳으로 천도가 되었고 의뢰인도 건강을 회복했으니 앞으로 좋은 일만 많이 생기길 기원한다.

금슬이 각별했던 남편 사고사 후 아픈 아내

부산에 사는 58세 여자 의뢰인의 사례는 마치 영화 '사랑과 영혼'의 스토리와 같았다.

부부금실이 무척이나 좋았으나 의뢰인 남편은 10년 전에 강원도에서 불의의 사고로 돌아가셨다. 그 후 의뢰인은 좋은 데로 가시라고 큰 절의 큰 스님으로 하여금 천도재도 지내 드리고 무속인을 통해 몇 번의 굿도 해 드렸다.

그런데 의뢰인의 남편은 영가가 되어 의뢰인의 몸속에 들어와서 몸 여기 저기 아프게 하고 꿈에도 자주 나타나 잠을 설치게 하고 있었다. 또한 어지러워 가만히 서 있질 못하는데 병원에 가서 치료를 받아도 효과가 없었다고 한다.

영화 '사랑과 영혼'에서처럼 죽어서 영혼이 되어 사람 몸속으로 들어오면 결코 좋은 게 아니다. 몸의 여기 저기 돌아다니면서 아프게 하다가 특별하게 약한 곳에서 잘못되면 암에 걸리는 확률도 높다. 그리고 내 의지와 관계없는 행동을 하게 되고 이상한 혼잣말도 하며 실성한 사람이 되기도 한다. 이렇듯 영가는 해를 주기에 반드시 천도 되어야 한다.

결국 의뢰인의 남편은 고인이 되어서도 부인을 잊지 못해 저승을 가지 못하고 의뢰인의 몸속을 들락거리며 즐긴 셈이다. 이로 인해 의뢰인은 몸이 아프고 괴로웠던 것이다. 기 치료를 하면서 남편을 불러 보니 부인이 아름답고 예뻐서 저승을 못 가겠다고 해서 타협을 했다. 부인같이 예쁜 영가를 소개해줄 테니 같이 갈 수 있겠냐고 물었다. 그렇다고 해서 몇 살 정도면 좋겠냐고 했더니 50대면 된단다.

그래서 부인과 비슷한 50대의 아름다운 영가를 불러 소개해 주었더니 마음에 든다고 했다. 그래서 의뢰인의 몸속에 있는 남편 영가를 기 치료를 한 후 50대 여자 영가랑 같이 초혼함에 모셔 좋은 명당자리에 모셨다. 바로 영혼결혼식靈魂結婚式(죽은 사람의 혼백을 위로하기 위해서 치르는 결혼식)을 해준 것이다.

그 후 얼마 지나지 않아서 의뢰인과 전화 통화를 했는데 잠도 잘 자고 모든 것이 평화로워졌다고 한다.

사후에도 엄마 곁에 머물고 있는 아들

이번에 소개하는 사례도 참으로 안타까운 이야기이다. 얼마 전 나이든 여성 분으로부터 전화가 왔다. 그분의 딸이 우울증으로 약을 먹고 있으며, 밤에 잠을 못자고 방에만 있으며, 술도 많이 마시고 괴로워한다고 한다. 그러니 어떻게 했으면 좋겠냐고 도와 달라는 내용이었다.

자세한 내용을 들어보니 딸은 결혼해서 그동안 아들 딸 낳고 잘 살았었는데 약 1년 전 딸이 무척이나 사랑했던 아들이 아파트에서 사고를 당하여 죽고 그 아들을 납골당에 안치했다고 한다. 그 후로도 그분의 딸은 자신의 아들을 너무나 그리워하며 한강에 투신도 하고 자살시도도 2번이나 했으며, 아들의 유품도 거의 다 가지고 있다는 것이다.

사연을 듣고 살펴보니 이승의 엄마도 아들을 무척이나 그리워하고 있지만 아들 역시 그 이상으로 엄마를 못 잊고 엄마 곁에 영가로 있으면서 괴롭히는 그런 상황이었다. 그래서 아들을 위한 천도재를 지내고 기 치료를 했다.

이승에서 살 때는 사랑하는 가족이고 아들이지만 죽고 나면 영가가 되는 것이다. 그런데 떠나가야 할 영가가 우리 몸에 들어와서 어디를 누르거나 스치기만 해도 이승에서 사는 사람은 몸이 아프고 큰 병이 될 수 있다.

엄마는 천도재를 지내고 기 치료를 받을 때 아들의 모습을 봤다고 했다. 생전에 사랑하는 아들이 자신에게 자주 해주곤 했던 손가락 하트 표시와 함께 점점 작아지면서 사라지는 모습을 생생하게 보았다고 전해주었다.

그토록 사랑했던 아들이었지만 이젠 좋은 곳으로 갔으니 슬픔을 잊고 다시 예전처럼 웃으며 행복하시길 기원 드린다.

이사 후 아프고 잦은 다툼이 벌어진 경우

의뢰인의 방에서 잠을 같이 잔 후배가 말하길 '형, 이 방에 수맥이 흐르는 것 같아, 간밤에 많이 불편하고 잠도 못 잤어'라고 했다는 것이다. 의뢰인도 이사를 온 후로 잠을 정상적으로 못 자서 침대 위치를 돌려도 보고 이리저리 옮겨 다니면서 잠을 자도 깊은 잠을 자지 못했다고 한다. 거기다 집에만 있으면 힘이 빠지고 무기력하다는 것이다.

어떤 때는 몸에 닭살이 돋고 소름이 끼친다고 했다. 집에 계시는 어머니하고 잦은 말다툼도 하고 심지어 어머니를 죽이고 싶은 마음도 들었다고 한다. 이런 현상에 대해 의뢰인은 수맥이 많이 흘러 그런 줄 짐작하고 있었다.

하지만 집에 가보니 영락없는 영가 장난이었다. 2년 전에 의뢰인을 따라 들어온 여자 영가였다. 영가를 초혼함에 모시는 의식을 진행하던 중 흰 연기 같은 것이 초혼함에 들어가는 것을 직접 보기도 했다. 이런 장면은 그간의 경험상 10명 중 3명 정도가 볼 수 있었다.

초혼함에 들어간 영가는 계룡산 양지 바른 좋은 곳에 모시고 영면하게 해 드렸다.

이장을 잘못해 노한 조상신의 벌

2019년에 의뢰가 와서 치유를 했던 예솔이(22세, 가명)네 집 이야기이다. 예솔이네는 조상 대대로 서울 근교에서 살았다. 그동안 편안하게 잘 살고 있던 집이었는데 7년 전으로 거슬러 올라가면서 문제가 시작되었다.

예솔이네 선산이 있는 일대가 아파트 단지로 개발이 되면서 선산이 팔리게 되었다. 어쩔 수 없이 그동안 잘 계신 조상님들의 묘를 파묘해 유골을 수습하고 화장한 다음 납골함納骨函에 넣어 납골당에 모시기 전 하루 저녁을 집에서 모셨다. 이어 그 다음날 납골당에 모셨다고 한다. 그 후로 이 집에 문제가 생기기 시작하였다.

영화 같은 이야기라고 믿기 어렵겠지만 아침에 일어나면 컵이 깨져 있고, 의자가 날아가 엉뚱한데 넘어져 있고, 주방에 있던 칼이 벽에 가서 박혀 있는 등 무시무시하고 놀라운 현상들이 벌어지고 있었다. 뿐만 아니라 예솔이에게도 심각한 문제가 생겼다. 어느 날부터 본인이 어른인양 이상한 언행을 하기 시작했다. 그래서 대학에 다닐 한창 꽃다운 나이인데 집에만 있었다.

집에 나타나는 현상과 예솔이 문제 등은 조상 영가 때문이었다. 조상님들이 화가 대단했다. 그동안 좋은 음택지(좋은 묏자리)에서 잘 지내고 있던 조상님들이 하루아침에 좁고 답답한 납골당에 모셨다고 화가 나신 것이다. 특히 예솔이에게 조상 영가들이 들어가 자기 의지와 관계없이 어른들처럼 이상한 말과 행동을 하는 것이다.

예솔이는 몇 번의 기 치료와 함께 조상님의 천도를 통해 혼령을 달래 드리고 조상님들을 초혼장으로 좋은 곳에 잘 모셔드렸다. 그리고 난 다음에서야 예솔이네 집은 평화가 찾아왔다.

내 안의 또 다른 나, 신기를 어떻게 해야 하나

사람들은 사주를 보거나 무당집에 심심풀이로 운세나 점을 보러 가기도 한다.

그런데 더러 어떤 사람은 신기가 있다는 말들을 듣는다. 때로는 신굿을 해야 한다는 소리를 듣는 사람도 있다. 의뢰인 중에는 무당집에 갔다가 상담 안할 테니 나가라는 소리도 들었다는 분도 있었다.

생기풍수학을 공부하여 어느 정도 경지에 오르면 영가 진단(사기 진단)이 가능하게 되고 사람의 몸에 영가가 붙어있는 것을 알 수 있다. 보통 평범한 사람과 다르게 영가가 잘 실리거나, 몸에 영가들이 많이 들어와 있으면 반드시 신기가 있는 사람이다. 즉, 귀문이 열린 사람으로 본다.

이런 경우 당사자에게 물어보면 대부분 친가 또는 외가 쪽에서 신을 모신 분이 계신 것을 알 수 있다. 특히 꿈을 꾸면 조상이 보이고 꿈을 꾸고 나면 그 꿈이 신통방통하게 맞기도 하며 꿈에서 일어난 일이 현실에서 재현되기도 한다.

신기는 아주 무서운 현상이다. 살아가면서 뜻하지 않게 영가로부터 침범을 당하여 힘들고 고단한 삶을 살아가는 분들도 있지만 또 다른 사람은 퇴마와 초혼장 그리고 최면 치료로 정리가 되어 평범한 보통 사람으로 살아가기도 한다. 신기가 있으면 한 번이 아닌 여러 번의 기 치료와 함께 자기방어를 위한 기도를 해야 하는 등 많은 인내가 필요하다.

신기가 있는 사람들은 대부분 경제적 고통, 이혼, 자살, 우울증, 사고 등 우환이 이어지고 어렵게 살면서 가족 형제들까지 힘들게 한다. 이것은 내 인생을 내가 사는 게 아니고 몸에 들어온 영가들에 의해서 몸과 마음까지 지배당하여 노비 신세가 되는 것이다.

신기가 있는 사람은 승승장구乘勝長驅하며 잘 나가는 듯하다가도 별안간 가세가 기울어 몰락하는 경우도 있다. 그러므로 신기가 있는 분이 재물이 많다고 결코 자만할 일이 아니다.

그러나 신기가 있다고 모두 영험한 능력을 가지는 무속인이 되는 건 아니다. 선무당이 사람 잡는다는 말처럼 어설픈 신기로 사람들을 현혹시키다간 큰 사고를 칠 수 있다. 다만 신기가 있는 사람 중에 일부 영험한 예지력豫知力을 보이는 경우가 있어 무속인이 되기도 한다.

① 신기가 있는 사람은 어떻게 살아야 하나

신기가 있는 분들은 더욱 조심스럽게 살아야 하며 업장業障 소멸을 위해 평생 열심히 노력을 해야 한다. 평범한 사람보다 신기를 가지고 태어난 사람들은 특별한 사람이다. 보통 사람들은 어쩌다 영가들이 침범하지만 신기가 있는 사람들은 스펀지처럼 영가들을 빨아들인다.

신기도 가족력이라고 할 수 있다. 가족 중 일찍 사망한 형제나 자매가 있든지 각종 사고가 빈번하든지 가족 중에 큰 병이나 아픈 사람들이 많이 생기면 진단을 받아봐야 한다. 그 결과 신기가 있는 것으로 확인이 되면 여러 가지 가려야 할 것들이 많다.

② 신기가 있는 분이 될 수 있으면 가지 말아야 할 곳

병원, 기도원, 기도처, 절, 장례식장, 예식장, 역, 터미널 등 사람들이 많이 모이는 곳에는 영가(사기)들이 많이 모이는 곳이기도 하여 피하는 것이 좋다. 신기가 있는 사람들에게 영가들이 침범하기 좋은 장소이기 때문이다.

③ 신기가 있는 분이 가급적 피해야 할 직업

의사, 간호사, 안마사, 119 구급대, 간병인 등 환자를 다루는 직업은 가급적 피하는 것이 좋다. 제조업을 하거나 사업에 투자하는 것도 좋지 않다. 대신 신기 있는 사람들은 월급을 받아 생활하는 직장인이 가장 좋다.

④ 신기는 끊어야 한다

신기가 있어 영가가 자주 들어오는 사람들은 누구든 반드시 신기를 끊어야 한다. 신기를 가진 사람은 조상들의 업장業障 또는 본인의 전생 업장을 가지고 태어난 사람이다. 기독교에서는 원죄라고도 한다. 신기는 유전遺傳과 비슷하지만 다르다. 할아버지, 할머니, 외할아버지, 외할머니, 삼촌 등에서도 신기가 오지만 큰엄마, 외숙모, 작은엄마 등 유전과 상관없는 분들한테도 물려받는 것이 신기이다.

이렇듯 영의 세계는 복잡하여 전문가에게 치유를 받아야 한다. 만약에 적절한 때에 치유를 받지 않으면 영가에게 몸과 정신을 지배당하여 늘 재수도 없고 되는 일도 없이 심신心身이 망가지고 아프고 힘들게 살아가게 된다. 선택은 당신의 자유이다. 퇴마, 기 치료, 초혼장, 최면 치료 등을 통해서 빙의를 치료하고 신기도 끊을 수 있다.

참고문헌

리노이에 유치쿠 지음, 신금순 옮김, 《운이 좋아지는 풍수 수납 정리》, 넥서스
  BOOKS, 2004.

매드 헤이그 지음, 노진선 옮김, 《미드나잇 라이브러리》, 인플루엔셜, 2021.

박종해 지음, 《풍수명당이 부자를 만든다》, 평단, 2010.

서병선 지음, 《풍수지리 정석》, 지식공감, 2019.안종선 지음, 《풍수 수납 운명을
  바꾸는 정리》, 중앙생활사, 2018.

임응수 신부 지음, 《수맥과 풍수》, 청문각, 1996.

정경연 지음, 《정통 풍수지리》, 평단, 2003.

최승호 지음, 《하는 일이 술술, 대한민국 풍수여행 30》, 더시드컴퍼니, 2015.

최이린 지음, 《성공과 행운을 부르는 부자되는 풍수테크》, 케이앤피북스, 2010.

한상남 지음, 《바람소리 물소리》, 겨레출판사, 2009.

좋은 기운을 끌어당기는
부자되는 생기풍수

2022년 11월 25일 제1판 1쇄 발행

지은이 / 안종희
펴낸이 / 강선희
펴낸곳 / 가림출판사

등록 / 1992. 10. 6. 제 4-191호
주소 / 서울시 광진구 영화사로 83-1 영진빌딩 5층
대표전화 / 02-458-6451 팩스 / 02-458-6450
홈페이지 / www.galim.co.kr
이메일 / galim@galim.co.kr

값18,000원

ISBN 978-89-7895-437-2-03180

나쁜 기운을 몰아내고 좋은 기운을 유지하는 생기감응生氣感應 도자기

생기 거북 도자기는 묘지 처방이나 집, 가게, 사무실 같은 곳에 누구나 풍수를 몰라도 처방할 수 있도록 만든 것입니다. 예로부터 거북이는 무병장수의 상징이며, 재물과 복을 가져다주는 영물로 알려져 왔습니다.

물론 거북이도 좋은 의미를 가지고 있지만 이 생기 거북이에서 우러나오는 생기가 가장 중요합니다. 이 자체가 광물질로 구성되어 있는데 특수 광물질입니다.

제오라이트, 일라이트, 세리라이트 등 이런 광물질 중에서 기가 발생하는 것이 있습니다. 그런 물질을 모아 정제 혼합해서 만든 제품입니다. 그래서 도자기에서 생기가 우러나오는 것입니다. 나쁜 기운을 몰아내고 좋은 기운을 유지시켜주니 그 안에서 사는 사람들이 건강을 유지할 수 있는 것입니다.

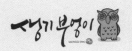

새벽에 새로운 여명을 알리는 부엉이 소리는 어둠이 끝나고 밝음이 온다는 예고의 소리로 길조로 여겼습니다. 우리 조상들은 식복이 많은 사람을 보고 '부엉이 집 같다'고 말했습니다. 부엉이는 새끼를 먹이기 위해 항상 집안에 토끼나 꿩 등을 많이 잡아 저장해 두기 때문에 생겨난 속담으로 부귀의 상징으로 여겼습니다.

부엉이를 한자로 치鴟 또는 효鴞라고 하며, 올빼미는 효梟라고 합니다.

예로부터 궁궐이나 대갓집 기와지붕에 치미라고 하는 것이 있습니다. 이것은 부엉이가 밤에 자지 않는 동물로 기와 끝 높은 곳에 앉아 궁궐이나 집안으로 들어오는 나쁜 기운을 막아주는 역할을 해주는 것이라고 합니다.